香港方物志

（珍藏版）

叶灵凤 著

余婉霖 绘

图书在版编目(CIP)数据

香港方物志:珍藏版/叶灵凤著;余婉霖绘.—北京:商务印书馆,2017(2021.11重印)
ISBN 978-7-100-15031-6

Ⅰ.①香… Ⅱ.①叶…②余… Ⅲ.①香港—地方志 Ⅳ.①K296.58

中国版本图书馆 CIP 数据核字(2017)第 191403 号

权利保留,侵权必究。

香港方物志(珍藏版)

叶灵凤 著

余婉霖 绘

商 务 印 书 馆 出 版
(北京王府井大街36号 邮政编码100710)
商 务 印 书 馆 发 行
北京新华印刷有限公司印刷
ISBN 978-7-100-15031-6

2017年9月第1版　　　开本787×1092 1/16
2021年11月北京第2次印刷　印张19¾
定价:138.00元

目 录 CONTENTS

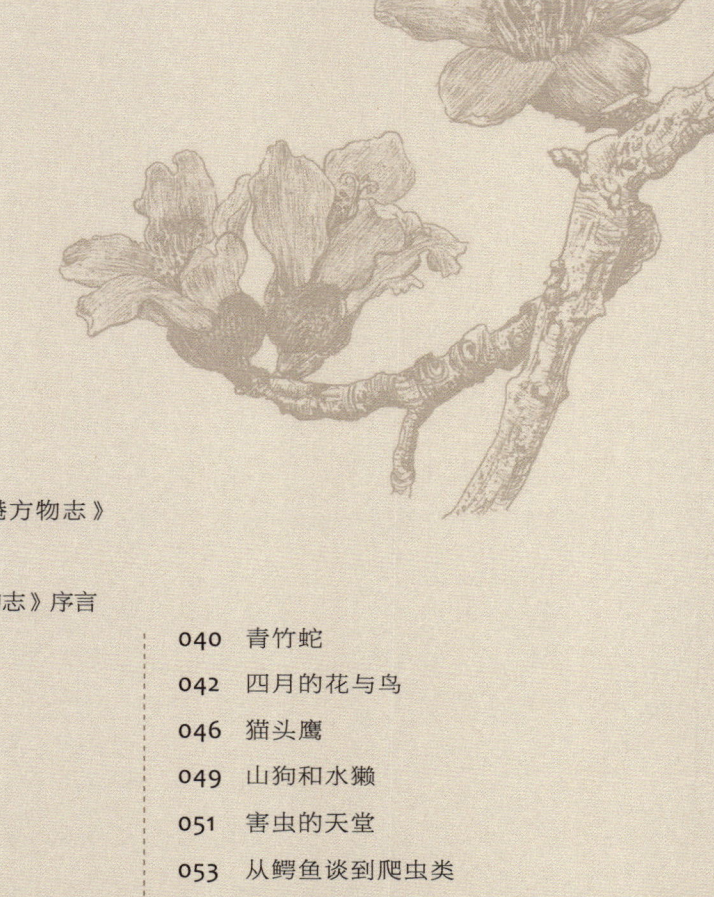

- I 出版说明
- III 叶灵凤生平简介
- IX 一九五八年初版《香港方物志》前记
- XI 一九七三年版《香港方物志》序言
- 001 香港的香
- 007 舶寮洲的古物
- 011 英雄树木棉
- 014 一月的野花
- 018 香港的哺乳类动物
- 021 香港的野马骝
- 024 新蝉第一声
- 027 夜雨剪春韭
- 029 后海湾的鹭鸶
- 032 青草池塘处处蛙
- 035 三月的野花
- 038 三月的树
- 040 青竹蛇
- 042 四月的花与鸟
- 046 猫头鹰
- 049 山狗和水獭
- 051 害虫的天堂
- 053 从鳄鱼谈到爬虫类
- 056 香港的茶花
- 058 山猪和箭猪
- 061 蚝和蚝田
- 065 蓝鹊——香港最美丽的野鸟
- 068 香港蚊虫的现在和过去
- 070 荔枝蝉,荔枝虫
- 072 香港的马骝和骆驼
- 074 海参的故事
- 076 西洋菜
- 078 香港的野鸟
- 081 呢喃双燕

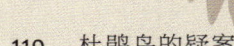

- **083** 禾虫和禾虫瘾
- **087** 姜之种种
- **091** 闽粤荔枝之争
- **093** 竹和笋
- **096** 琵琶鱼——魔鬼鱼
- **098** 香港的蝴蝶
- **101** 朝生暮死的蜉蝣
- **103** 毒蛇的鉴别
- **106** 夏天的毒蛇
- **108** 蛇王林看劏蛇
- **112** 鱼猪与猪鱼
- **114** 可炒可拆的香港蟹
- **117** 南方的李
- **119** 杜鹃鸟的疑案
- **122** 再谈杜鹃鸟
- **125** 野百合花
- **127** 香港的蜘蛛
- **130** 相思——绣眼
- **133** 鱼虾蟹鲎的鲎
- **137** 黄麖
- **139** 香港的杜鹃花
- **142** 香港的百足
- **146** 蜡嘴，窃脂
- **149** 香港的鸭
- **151** 香港的狐狸
- **153** 水母——白蚱

156　沙滩上的贝壳
160　街边和水边的蛤乸
163　白兰，含笑
165　老榕树
167　香港的麻鹰
169　枸杞和枸杞子
171　香港的野兰
174　香港的龟与鳖
177　香港的大蜗牛
179　可怕的银脚带
181　大南蛇
183　缘木可求的海狗鱼
185　蚬与蟟
189　啄木鸟
191　香港的海鲜
195　穿山甲——香港动物界的冤狱
198　菩提树，菩提纱
200　美人鱼
202　大树波罗

204　苦恶鸟的传说
206　幼细的铁线蛇
208　芋奶芋仔
210　薯仔和番薯
212　外江鳄鱼
214　红嘴绿鹦哥
216　猪屎渣
218　比目——挞沙，龙脷
221　翡翠，鱼郎
224　糯米包粟
227　"行不得也哥哥！"
229　孔子家禽

231　海镜 —— 明瓦
233　香港的老虎
235　墨鱼 —— 乌贼
238　可怕的白蚁
240　"家婆打我！"
242　鬼鸟 —— 蚊母鸟
244　古怪的海星
246　沙锥
248　果子狸及其他
251　香港的凤尾草和青苔
253　香港的核疫和鼠患
256　充满咸鱼味的长洲

259　大埔的珠池
261　冰与雪
265　香港唯一的一部植物志
268　香港的"一岁货声"
270　香港的年糕
272　"年晚煎堆"
274　吊钟 —— 香港的新年花
278　牡丹花在香港
281　水仙花的传奇
285　过年用的茶素
287　唐花熏货
289　贺年的糖果和果盘
291　年宵花市
294　除夕杂碎

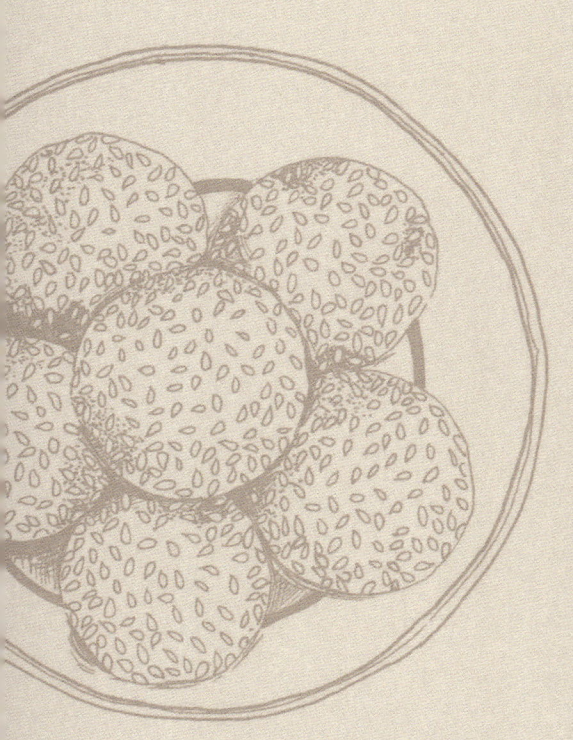

出版说明

《香港方物志》是现代著名作家叶灵凤先生发表在香港《大公报》（副刊）上的专栏结集而成的书，第一版于1958年在香港中华书局出版。

《香港方物志》记述的是香港的鸟兽虫木、风土民俗，每篇博物小品千余字，共112篇，读来清新可口，又富有趣味。令人惊讶的是，不同于很多借物抒情式的中国传统咏物诗文，《香港方物志》里有大量科学性的内容，譬如描述了海参遇到敌害会吐出内脏来防御、杜鹃鸟会选择在食料与自己相似的母鸟巢中产卵、鲎交尾产卵时往往"相负而行"……这些细节都符合记录物种的科学事实，兼具科学性和趣味性。在当时的时代，是极其难能可贵的。

在《香港方物志》的描述里，我们还可以追溯香港风物的历史。在城市高度发展的今天，环境也在发生剧变，无论是自然环境，还是风土民情。20世纪50年代香港尚有华南虎，而今华南虎已难寻踪迹，在整个华南地区都疑为灭绝。由于冰箱、冰柜的出现，曾经的冰厂也不复存在。此外，我们从书中可以看到，在英国殖民统治香港的时期，英国良好的自然博物传统也影响着香港。水獭、吊钟花在当时都受法令保护，不得随意捕猎、砍伐。英国殖民统治香港19年后就有英国的植物学家写出了完整的《香港植物志》；在考古学、植物学、动物学等各个领域均有专家开创香港研究和保护的先河。这些影响延续至今，使得香港在这些领域都有扎实的基础研究资料。

叶灵凤先生在《香港方物志》的序言中也有提及，书里原本应该附有若干插图，在过去的版本中陆续也有叶灵凤先生提供的珍贵照片若干。只是受当时的摄影器材限制，只有一些黑白照片。鉴于书中描述的动植物与风俗皆有迹可循，并非虚构，我们考证了相关描述对应的内容之后，为每篇添加了注释（文后带◆的小段文字），解释每篇描述的风物详情，并邀请了一批热爱自然的摄影师提供了精美的图片辅以说明，让书中的描述更为立体、直观，便于读者理解。时值香港回归20周年，越众文化与商务印书馆共同推出这本全新的《香港方物志》（珍藏版），为读者提供全新的阅读体验，也让叶灵凤先生这本佳作在这个"博物热"兴起的年代再放光辉。

严 莹

2017年4月

叶灵凤生平简介

叶灵凤

叶灵凤（1904—1975），原名叶蕴璞，江苏省南京人，幼时在镇江、昆山生活，后到上海念书。中学毕业后进入上海美术专科学校攻读，经常随身带着画板四处写生；同时间开始写作，文章在报上发表，美专校长欣赏其写作，不收学费。

不久加入由郭沫若、郁达夫创办的"创造社"，与其他几位文学青年合称"小伙计"，出版《幻洲》、《戈壁》等刊物。叶灵凤在写作、编辑之外，还兼负起美术设计之责。

叶灵凤酷爱版画和设计艺术。二十世纪三十年代上海良友出版社曾出版四册专书介绍西方版画艺术，其中英国版画家比亚兹莱一册由叶灵凤选编及作序，其余三册编撰者有鲁迅、柔石等。

当时西方文学界流行藏书票，叶灵凤为自己设计了一款含有凤凰图案的中国古典木刻藏书票，并与日本、英美等国的作家、藏书家交换，应为中国开展藏书票活动的第一人。七十年代叶氏在港病逝后，其历经战火迁徙仍保存的一批珍贵藏书票，连同其部分手稿捐献予北京的中国文学馆收藏。

一九三八年，抗战爆发，郭沫若、夏衍等进步文人南下创办《救亡日报》，叶灵凤亦随同到广州。不久广州亦沦陷，叶灵凤再到香港，从此开始了长达将近四十年的客居生涯。

在香港，叶灵凤主要从事写作和编辑工作，继戴望舒北上之后主编《星岛日报》"星座"版，直至病逝；该版成了香港存在最长时间的文艺副刊；全盛时期，叶灵凤一天要写七八个报刊专栏，有散文、翻译和掌故等，其中以署名"霜崖"发表在《新晚报》上的"霜红室随笔"最为有名。

叶灵凤家中食指浩繁，有妻子赵克臻及子女八人，早期还有岳母同住，一家十一口，全靠他一人笔耕为生。当时并无传真机，各报有专人取稿。罗便臣道叶宅门前，每到下午截稿时间前，总有三两位报馆工友在"排队"等候取稿。

叶灵凤在港工作、生活期间的一个特点，是广交文化界各方面的朋友，当时所谓"左派"、"右派"壁垒分明，但叶灵凤的文章可以同时在"左"、"右"派报纸发表。一些"左"、"右"派文人亦会在其家中碰面，谈文说艺，不涉其他。

五十年代，原葬在浅水湾头的东北女作家萧红，其墓地因发展需要面临被夷平，叶灵凤联同香港大学中文系高级讲师陈君葆，向当时的香港政府申请迁葬，将因肺病孤独客死异乡的萧红骨灰送回内地，在广州银河公墓安葬。

叶灵凤在港居住大半辈子，已经将这个南方蕞尔小岛视作其第二故乡，而且以独到的眼光对香港历史展开了深入的研究。当时，关于香港的历史，特别是一个半世纪前被英国殖民统治者侵占的经过，主要文字资料均为英国文献；叶灵凤从英国书店订购大量英文书籍，结合中国史料，从两个方面对香港的历史、地理、文化、风俗创作了大量文章，包括香港"失落"的经过、著名的"海盗"张保仔事迹以至花鸟虫鱼等，开创了有关这方面研究写作的先河。后人有称此一领域的研究为"香港学"，叶灵凤堪称是"香港学"筚路蓝缕的创始人。

在叶灵凤逝世后，其生前好友夏衍先生说，叶灵凤一生最重要的成就是有关香港历史掌故的工作。其有关著述为国家其后一九九七年收回香港也提供了重要的参考依据。

叶灵凤生前最重视的一套藏书是清嘉庆版的《新安县志》，香港历史依据尽在其中。叶灵凤逝世后，其家人遵其生前意愿，《新安县志》捐献内地，余逾万册藏书捐赠香港中文大学图书馆。

叶灵凤著作甚丰，生前主要著作，小说集有《未完成的忏悔录》、《女娲氏的余孽》、《处女的梦》等；随笔有《天竹》、《白叶杂记》、《香港方物志》、《北窗读书录》、《能不忆江南》等；翻译有《新俄短篇小说集》、《九月的玫瑰》等。去世后，有关香港历史的文章被编为《香港的失落》、《香海浮沉录》及《香岛沧桑录》共三本；有关书话的文章则被编为《读书随笔》三册。

叶灵凤之女　《大公报》主笔　叶中敏

（上）二十世纪三十年代末叶灵凤与夫人赵克臻合照

（下）叶灵凤夫妇与儿女郊游留影

（上）叶灵凤夫妇及子女与文化界友人源克平（右三）、黄蒙田（右二）、严庆树（前中）郊游合照

（下）叶灵凤夫妇与《大公报》社长费彝民夫妇（右二、右三）合照

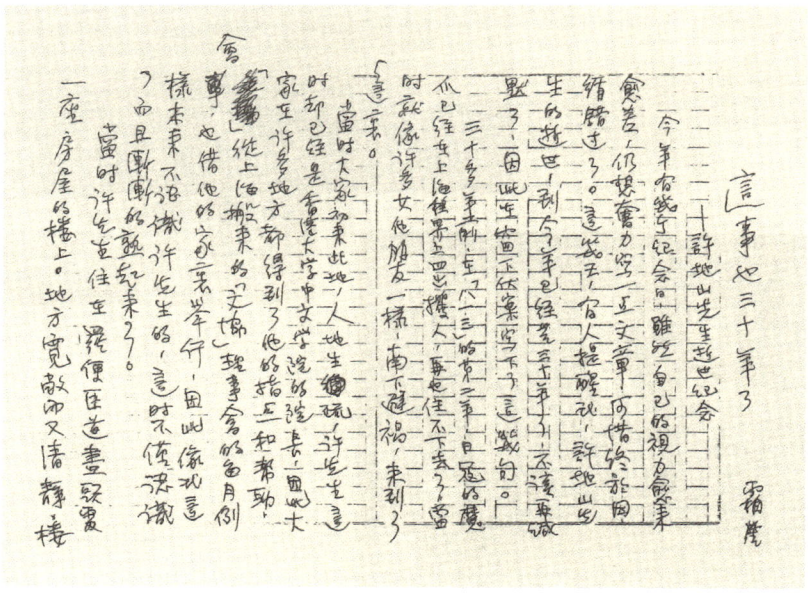

（上）一九七九年十一月香港中文大学校长马临教授（右二）在藏书送赠仪式上将"纪念座"颁予叶灵凤夫人赵克臻女士（右一）

（下）叶灵凤手迹

一九五八年初版《香港方物志》前记

这些短文,都是在一九五三年的一年间,陆陆续续在香港《大公报》的副刊上发表的。这不是纯粹的科学小品文,也不是文艺散文,这是我的一种尝试。我将当地的鸟兽虫鱼和若干掌故风俗,运用自己的一点贫弱的自然科学知识和民俗学知识,将它们与祖国方面和这有关的种种配合起来,这里面有科学也有传说,用散文随笔的形式写成了这样每篇千字左右的短文。

在报上发表时,读者的反应还不错,这才使我现在有勇气将它们加以整理,保存下来。

作　者
一九五六年七月十二日 香港

《香港方物志》一九五八年中华书局版封面

一九七三年版
《香港方物志》序言

  这本《香港方物志》，是在十多年前，在偶然的机会下写成的。从结集成书到出版，这中间颇经过了一些周折，而且搁置了好几年，因此排印出版以后，若不是无意中从报上见到广告，作为作者的我，一直还不知道自己的书已经出版了。

  十多年以来，本书还不会被人忘记，而且还继续有新的读者，这倒是作者深引以为自慰的。但他也明白这里面的原因，主要的乃是由于有关香港史地知识的出版物，实在太缺乏了，尤其是关于方物的记载，在十多年前简直是一片空白，因此我的这本小书，就无可避免地填补了这空虚。但我同时也知道，自己当时为了尝试撰写这样以方物为题材的小品，曾经涉猎了不少有关这方面的书籍，从方志、笔记、游记，以致外人所写的有关香港草木虫鱼的著作，来充实自己在这方面的知识，在资料的引用和取舍方面都是有所根据，一点也不敢贸然下笔的。

  可惜初版本书出版时，作者未曾有机会亲自校阅，本来应该附有若干插图的，也未及附入，这样倏忽之间已经过了十多年，自己一直引以为歉。这次改由上海书局出版，承他们给我改订的机会，将内容略作修正和删改，并增加了一些新的材料，以便能配合时代的进展；同时更按照原定计划，附入若干插图，使本书能以新的面目与读者相见。是为序。

作 者
一九七〇年新春

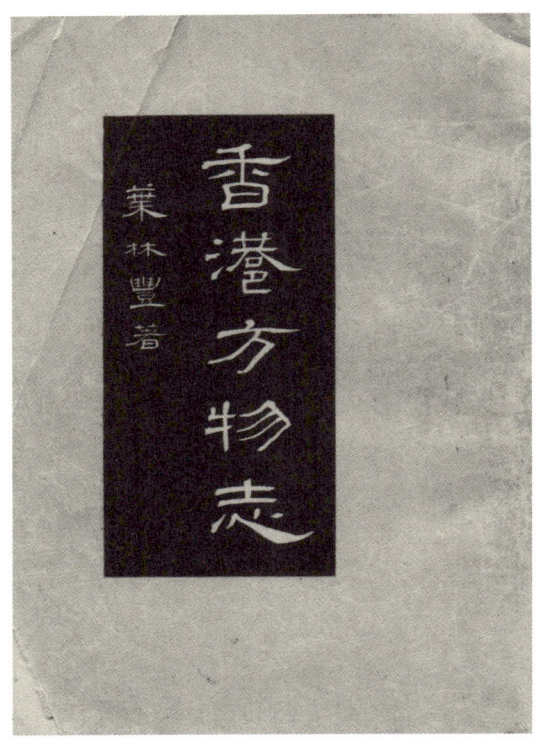

《香港方物志》一九七三年上海书局版封面

香港的香

香港被称为香港的原因，有许多不同的解释。有人说从前有一个女海盗名叫香姑，她利用这座小岛为根据地，所以后来称为香港。又有人说在今日香港仔附近（旧时称为石排湾），从前有一道大瀑布，水质甘香，航海的船只总在这里取淡水，因为这瀑布的水质好，所以称为香港。这些都是外国人的解释，表面上看来好像各人都言之成理，事实上大家都忽略了最重要的一点：那就是，香港这个名字的存在已经很久。因为在石排湾附近有一座小村，土名为香港村（现在还称那地方为小香港或香港围）。这座香港村远在英国人不曾踏上这座小岛之前就久已存在。所以香港岛一名的由来，既非因为香姑，也不是源自瀑布的水香，实因为岛上原本就早已有一座小村名叫香港。

可是，这座小村为什么不叫臭港而叫香港呢？香在什么地方呢？这正是我现在想同读者谈的。因为这个"香"并非水香，也不是人名，实因为这地方从前是一个运输香料的出口小港，所以称为香港。

这种香料并非岛上自己出产的，而是从东莞各地运来（香港岛和九龙各地从前都是隶属东莞县的，后来又从东莞县析置了一个新安县，香港等地遂改隶新安，新安后来又改称宝安），集中在石排湾，然后再出口运往各地。这种香料，不是流质也不是木质，而是一种香木的液汁凝结成的固体。它们有的像松香琥珀那样一团一块的，有的又像檀香木那样一片一段的枯木根，

清嘉庆《新安县志》所载九龙沿海岛屿地图
（有鲤鱼门、红香炉、赤柱等地名）——作者藏

这种"香"（从前人就简称它为"香"），是当时其他许多香料制品的原料，熏衣、习静，所烧的就是这种香。上等的价钱非常贵，甚至可以同黄金比价。从前人所谓"焚香默坐"，所焚的就是这种香，并非燃一支线香或是烧一炉檀香。今日我们所见的古董铜器之中，有一种名为博山炉的东西，就是煎这种香的。下面有盘可以盛水，用热汤蒸香，使香气缓缓散发出来，并不直接放在火里去烧，所以称为煎。

东莞出产的香，在当时南方各地出产的香料之中，算是最有名的，称为"莞香"。莞香远销至当年苏杭和京师，香农将他们的出品，从产地集中到石排湾附近的这个小港，从这里用大眼鸡船运至省城，再由省城北运。于是岛上的这个小港就称为香港，附近所住的村庄也就称为香港村。

明末广东大诗人屈大均的《广东新语》，记莞香盛时远销至北方的情形道：

> 莞香度岭而北，虽至劣亦有馥芬，以霜雪之气沾焉故也。当莞香盛时，岁售逾数万金，苏松一带，每岁中秋夕，以黄熟彻旦焚烧，号为熏月。莞香之积阊门者，一夕而尽，故莞人多以香起家。

莞香自明朝直至清朝中叶，都是当地一大名产，驰名全国。产香的树，名为古蜜香树。这种树宜种在砂土的山田里，称为香山。凿取香根的工作多由妇女担任，她们往往将香木最好的部分切一点下来私藏起来，作为自己的私蓄，然后以重价卖给外地来的香贩，这就是著名的"东莞女儿香"，是莞香中的精品，价格也最贵。

莞香虽然有名，可是上品产量并不多，而且香树要种十余年后始有香可采，愈老愈好，所以产量不会多，并且整个东莞县也仅有几处地方所产的是

土沉香

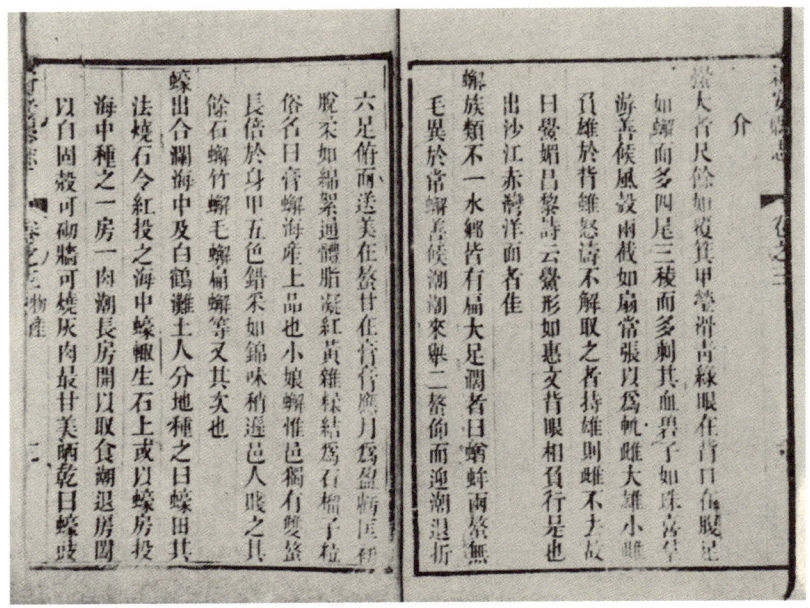

《新安县志》卷三《物产志》一页——作者藏

上品。今日新界大埔的沙螺湾、沙田的沥源村，都是当年产香名地之一。可是到了清朝雍正年间，因为莞香上品价值兼金，而且不易觅购，宫中需求黄纹、生结、黄熟（这都是莞香的名目）甚急，竟派出采香专吏到东莞来坐索，并且指名要购异种名香。县官无奈，只得责成里正、地保等下乡搜求。搜求不得，就用严刑来追逼，以致杖杀了许多地保、里役。这一来，种香的人家吓坏了，他们为了免除祸根起见，竟将所种的香树斩伐摧毁，然后全家逃亡。香木并不是一朝一夕就有收成的，而且也不是随地可以种植的，于是自从这些香户斩伐香木逃散以后，莞香的出产便从此衰落渐至灭绝了。

　　莞香的出产虽成了陈迹，但至今还在香港留下若干余韵可供追溯。当然，第一就是"香港"这个名称本身，因为就是从这个小港口运香出口，所以才称为香港的。其次是尖沙咀，这地方从前称为香埗头，从这里运香至石排湾集中，然后再转运出口。

还有，新界的游客当记得沙田城门河附近的香粉寮这地方，这个一度被当作天体运动者乐园的所在，就是利用水碓来舂香木成粉，制造线香、塔香的。还有大帽山脚下的川龙村，那里至今仍有许多舂香粉的大水磨、水碓。这些都是当年莞香的余韵，也就是今日香港之"香"的由来。

土沉香

◆ 本篇里提到的香木为土沉香（*Aquilaria sinensis*），土沉香为瑞香科沉香属的植物，又名白木香、牙香树、女儿香。土沉香老茎受伤后所积得的树脂，俗称沉香，可作香料原料。由于过度砍伐，土沉香的野生资源日益枯竭。土沉香在我国被列为国家二级保护植物，土沉香及其制品也被列入《濒危野生动植物种国际贸易公约》附录Ⅱ，受到严格的国际贸易管制，未经许可禁止携带、邮寄出境。

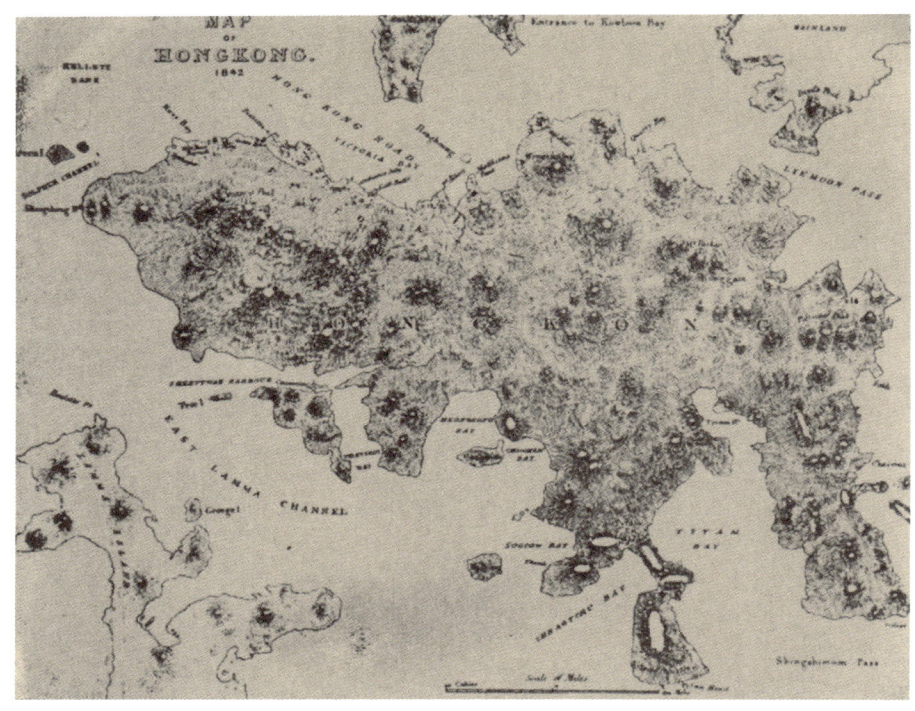

英人測繪的第一幅香港地圖（一八四二年）——作者藏

舶寮洲的古物

　　舶寮洲一名南丫岛，在香港仔鸭脷洲的对面。中间所隔的海峡，就名舶寮海峡。从香港到舶寮洲，现在已有直航的轮渡。可是从前还没有轮渡的时候，你只可以在香港仔搭往来两岛之间的街渡，或是自己雇船去。

　　香港范围内的岛屿，最大的是大屿山，其次是香港岛，第三便要数到舶寮洲了。舶寮洲地方很荒僻，多是未开发的荒山，仅有几个小村落。没有大的渔村，没有特殊的出产，也没什么名胜古迹。但它却因一件事情而著名，那就是曾在这个岛上发现过我们先民的遗物。

　　发现古物的地点是在舶寮洲的西部，是个大海湾，土名就叫大湾。这地方面对大屿山和长洲岛，中间所隔的海面名西舶寮海峡。被发掘出有古物的遗址共有三处，即榕树湾、洪圣爷庙和大湾肚。这些地点都在向西的这个大海湾上，其中出土遗物最多的是大湾肚。从香港坐船去看这个遗址，最好是乘船绕过舶寮洲的北部，直接驶到大湾海面，从那里再转驳小舢舨上岸，甚或从大船上游泳上岸也可以，因为发现遗物的地点就在海滨沙滩和土壤交界的地方，破碎的陶片几乎俯拾即是。若不采取这样的路线，则可以在东面的"野餐湾"（一名旅行湾）上岸，从那里直趋全岛的中心芦须城，再向北翻过几个山坳，下山来到海滨，就到了大湾。这一段步行的路程要有人带路，而且在夏天走起来会很辛苦。

大湾肚的先民遗址，是无意中给人发现的。发现的经过很有趣，那已是第二次大战以前的旧事了。据说，当时港英当局正在兵头花园地底下建筑一座蓄水池，需用大量的海沙（这座地下蓄水池就在今日喷水池那一片大草地的下面。喷水池背后的那两座小台就是泵房，水池的入口正对港督府，乘巴士经过上亚厘毕道可以望得见）。包工的建筑商雇用帆船到舶寮洲的大湾挖取海沙，工人偶然在泥沙中发现很多陶器碎片和箭镞，拿回来卖给人。后来给水务局知道了，便告诉当时香港大学的一位教授。他便亲自到大湾去查勘，发现在那海滨一带的高地上，几乎遍地都是这类陶器碎片。后来他又将这样的发现告诉一位神父，邀请他一同去做比较有计划地发掘，颇有收获。后来，这位神父根据他所掘得的这些遗物，与我国先史及殷商时代的文物加以比较，写了好多篇很细密的论文发表，可惜他在一九三六年因病去世，研究工作便中断了。

　　舶寮洲发现先民遗物的大湾，三面有山环抱，因为向西，可以免除东北和东南季候风的侵袭，又从山腰里有一道溪流直通海中，终年不涸。从地理位置上说，这确是一个理想的建立村落的地址。先史时代，曾经有人在这里住过，是不难想象的。至今山脚下还有废弃的田地的遗迹，又似乎开辟过园圃。可是现在仅有一两间孤单的寮屋，四周全是野草杂树，显得非常荒凉。

　　据那位神父的现地查勘报告说，这类遗物的埋藏量约有四尺厚，自地面向下掘，平均掘到十七八寸至七十寸的深处，就可以发现这种文化层。蕴藏量最丰富的一层，是在三尺左右的深处。那些表示文化水平较高的陶器，仅在上层才有。至于石斧和铜箭镞，只有较下的地层始有发现。根据这些情形看来，可知遗物的位置层次，都不曾经过翻动或水流的冲洗，还保持着原来的自然堆积层次。

　　舶寮洲的先民遗物发现至今，已经几十年。本地人多数仅知道这地方曾出过"古董"。至于究竟是些什么"古董"，以及它们是多少年以前的遗物，能正确理解的人并不多，甚至有些人误解，以为这是几十万年以前原人时代

南丫岛大湾出土的绳纹陶钵

南丫岛大湾出土的石箭镞

南丫岛大湾出土的石戈

◆ 南丫岛上的大湾遗址是香港地区的重要考古遗址。1932年10月，芬戴礼神父（Finn D.J.）首次在这里进行采集、挖掘，并将考古资料公布于众。大湾遗址成为国际闻名的考古遗址，备受关注。此后的65年间，考古学者对大湾遗址又进行了四次考古发掘。已公布的考古资料显示，大湾遗址从新石器时代到青铜时代，至有历史记载的两汉时期乃至近代，皆有丰富的遗存发现，因而更加受到考古界的关注和重视。

南丫岛大湾出土的刻画纹陶豆

的遗物,或是几万年以前的遗物。

将发现最多的陶器碎片的花纹、火候和制作方法,与其他各处所已经确定年代的相类遗物来比较,鲜明地表示舶寮洲所出土的先史遗物与当时中国沿海的文化源出一辙,其年代约在公元前二百年至五百年之间,即是距今二千五百年左右的遗物。

所发现的陶器碎片,多数是一种圆形的"瓮"或"缸"的碎片。完整的一个也没有。从拼凑起来的残缺不全的形状看来,这种陶器是圆形的,约有十英寸高。口上有短短的颈;颈下有花纹数道,多是斜方格或菱形的线构成的图案,是用硬物压成的,图案的风格显然受有中国铜器的影响。此外还有一种类似杯的陶器,有些附有薄乳状的黄釉。因为有釉,它们的时代比那些瓮一定要更迟些。

石器都是长方形的、经过仔细磨琢的石斧,是可以装柄的;此外还有非常尖锐的石箭镞,又有许多大小不一的石环,类似戒指或手钏;并发现了钻取这些石环的工具和剩余的石片。石质有些与本地附近的岩石性质相同,有些显然是从外地运来的。

那神父等所发掘的舶寮洲先史遗物,从前都储藏在香港仔的华南修道院以及香港大学的利玛窦宿舍内;经过太平洋战争,这些东西失散了一部分。一九四八年,著者曾同侯宝璋、翦伯赞等人结伴旅行至南丫岛,大家曾到这遗址去看过一次,并从地面上拾回了若干陶器碎片和石器。

英雄树木棉

今年立春立得早,加之早几天的天气又特别燠暖,新年才过,香港的木棉树竟已经开花了。香港人素来相信,只要木棉开了花,天气便不会再冷。尤其是水上人家更相信这征候,他们从前总是以铜锣湾避风塘附近渣甸仓的那棵大木棉树为准,只要树上的花一开,便将仅有的破棉胎卷起来,拿上岸去实行"赶绵羊"了。本来,香港的气候,在阳历二月,即农历的新年头,照例会特别冷几天的,但木棉既然开了花,就是冷也不会冷到怎样了。

香港的木棉,虽不及广州市和西江一带那样的多,但从现在市区附近所残存的株数看来,在从前一定也不少的。香港的木棉树,往来市区最容易见到的,是花园道口圣约翰教堂对面的那几株,大约一共有四五棵,矗立道旁,因为在军营外边,四周又没有其他的杂树,所以特别容易望见。每年开花的时节,如果天气好,映着日光,满树的大红花高撑半天,看起来真如屈大均所说的:"望之如亿万华灯,烧空尽赤。"

木棉古称史侯花,俗称红棉,又因其树枝干高耸,常常高出附近其他各树之上,所以又有英雄树之称。木棉是先花后叶的,开花时枝上往往还留着往年的旧叶。花朵的模样很像江浙的辛夷木笔,但是并非紫色而是深红的,六瓣向上,花蕊黄色,在那矫健如龙的枝干上,缀着一朵朵的大红花,样子非常古艳可爱。

木棉

木棉花落结籽，籽荚里有棉如柳絮。我们平日枕头、坐垫里所用的木棉花，就是这东西。木棉是广东的特产，西江流域一带最多。《广东新语》记叙这一带的木棉花时盛况道：

> 身自牂柯江而上至端州，自南津清岐二口而上至四会，夹岸多是木棉，身长十余丈，直穿古榕而出，千枝万条，如珊瑚琅玕，光气熊熊，映面如赭。其落而随流者又如水灯出没，染波欲红。自仲春至孟夏，连村接野，无处不开，诚天下之丽景也。

屈大均有咏西江两岸的木棉诗云：

西江最是木棉多，夹岸珊瑚千万柯。又似烛龙衔十日，照人天半玉颜酡。

木棉花尚有一点值得一提的：它开在树上的时候花瓣向上，花托、花蕊比花瓣重，因此从树上落下的时候，在空中仍保持原状，这时六出的花瓣却成了螺旋桨，一路旋转而下，然后"啪"的一声堕到地上。春日偷闲，站在树旁欣赏大红的落花从半空旋转而下，实在也是浮生一件乐事。木棉花可以入药，能消肿炎，因此落下来的花，即刻就有人拾去了。

木棉

◆ 本篇所述植物为锦葵科（原木棉科）植物木棉（*Bombax ceiba*），又名红棉、英雄树、攀枝花，是亚热带地区常见的行道树。

一月的野花

香港的自然是美丽的，尤其是花木之盛。有许多参天的大树，你绝料不到它们是会开花的，可是季节一到，它们忽然会开出满树的大花来。这种情形就是在路边的大树上也可以见得到，因此香港的鲜花，几乎四时不断。

香港花开得最茂盛的季节，是每年的二三月至四五月，而最冷落的却是目前——阳历一月。这是因为香港的气候，往往在农历过年的时候最冷，这时候多数是阳历的二月中旬前后，但这也正是农历立春的时候，因此在立春之前的阳历一月份，在欣赏花木上便成为最寂寞的一个月了。

可是，正如诗人雪莱在《西风歌》中所咏："冬天来了！春天还会远吗？"一月份内开的花虽然很少，但是自然却正使它们忙碌地做着准备工作，多数花木的蓓蕾都开始披着毛茸的外衣钻了出来，就是老榕树也脱下了旧衣。因此一过了农历新年交了春，多数花木都揉着眼睛笑起来了。这时首先迎接新年的是最著名的吊钟，接着是五色灿烂的杜鹃、醉靥的桃花、英雄的木棉……

目前，在这最冷落的季节，我们在野外山边上所能见到的野花，只有一种矮小的紫罗兰。这是香港最常见的野生紫罗兰，繁殖得很普遍，差不多在香港和新界的一般山边上都可以见得到。它们生得很矮小，叶子是尖圆的，花色淡紫，花瓣的底下有几条深紫的纹路。它们从一月份开始开花，可以一直持续到四月；不过花色越开越淡，有时简直是白色的了。

还有一种野生的单瓣白玫瑰，外国人称它们为"狗玫瑰"，在新界很多，香港山上则比较少见。它们是从二月起开始开花，但在一月份内有时也可以偶然见到几朵早开的花。它们是纯白的，没有香味，花朵很大，有时直径可以大至四英寸。

香港有一种野生的黄菊花，多数生在近山涧的山坡上，褐黄色的圆形花心很大，看来几乎像是小型的向日葵。它们从秋天开始开花，能维持很久，因此你若是现在到山上去散步，偶然还有机会可以见到这种傲霜的隔年残菊。

金樱子

蔓茎堇菜

千里光

◆ 本篇里矮小紫罗兰实际并不是紫罗兰，而是堇菜属（*Viola*）的植物；狗玫瑰指的是蔷薇科植物金樱子（*Rosa laevigata*）；黄菊花指的是菊科植物千里光（*Senecio scandens*）。

一月的野花

香港的哺乳类动物

香港岛本身，由于与九龙大陆隔绝，又因了很早以来就有人居住，面积又不大，因此岛上能够容身的大型哺乳动物很少。除了偶尔从对面海——九龙来的一只老虎以外，岛上最大的野生哺乳动物，乃是那种比家犬略大的吠鹿。这东西一名南中国鹿，本地人则称它们为黄麖，它们在九龙、新界比在岛上更多。此外就是野猪，在岛上也曾经发现过。岛上曾经有过猎得老虎的记录，但这毫无问题必然是从九龙游水过来的，这与大屿山曾发现虎踪的理由一般。这种猫科的动物，每年冬天在新界时有出现，但它们也不是生活在本地，而是从更远的中国内地——福建、江西的山岭地带走来的。它们是所谓南中国虎，固然不同于北方的满洲虎，但也与更南的印度虎有一点小小的区别。香港岛上从不曾见过豹，但在新界曾有人猎过一头，剥了皮留下一张照片，那是一九三一年十二月的事。

其他的食肉类动物，在香港岛上被人发现过的有南中国种的狐；南中国种的花斑野猫，它们介于果子狸与豹之间，以及多种狸猫；属于南中国种的水獭、獾，以及能吃蟹的鼬。

严格说来，香港岛上所发现的哺乳动物实在不多，经过正式记录的更少。但因了岛上所见到的动物，往往与对海大陆的动物有密切的关系，因此我们不妨假定：凡是在新界大陆能见到的哺乳类动物，在香港岛上一定也有

豹猫

机会可以见到。这就包括很多种的蝙蝠，以及很多种的啮齿科动物，尤其是松鼠和家鼠。又因了新界在地域上是广东省的一部分，于是凡是南中国可以见到的哺乳动物，如箭猪和南中国兔，在这里也有机会可以见到。那个形状奇怪的有鳞食蚁兽，被本地人称为穿山甲的，在新界以及香港岛上皆曾出现过。

新界虽有猴子林，但那实在不是野生的。早期到过香港的动物学家，都说曾在岛上见过野生的猴类，说它们是属于印度的恒河猴，但现在久已在岛上绝迹了。据说在港外荒无人烟的小岛上，可能还有这种野猴存在。

小蹄蝠

香港的哺乳类动物

鼬獾

◆ 南中国鹿指的是鹿科的赤麂（*Muntiacus muntjak*）；南中国虎指的是猫科动物华南虎（*Panthera tigris*）；南中国种的花斑野猫指的是猫科的豹猫（*Prionailurus bengalensis*）；箭猪指的是豪猪科的豪猪，在香港的种为马来豪猪（*Hystrix brachyura*）；南中国兔为兔科的华南兔（*Lepus sinensis*）。

香港的野马骝

外江人呼马骝为猴。据说一百多年以前，香港岛和附近的各小岛上，本有野马骝甚多。十九世纪中叶，到香港来游历的欧洲旅行家，尚有关于这情形的记载。一八六六年，著名的动物学家斯温荷氏曾记载，在香港内的许多小岛上，都可以发现猴类的踪迹。后来他在一八七〇年将捕得的香港野生马骝加以研究，说它们是石猴，拟了一种科学上的类名，并加以解释道：

此种石猴可以在香港附近多数的小岛上发现。它们颇似印度种的恒河猴，尾巴特别短。剖腹晒干了的猴干，时常挂在香港和广州药材店的天花板下，猴骨也被当作药料来出售……

斯温荷氏还给这种野马骝拟定了一个新的学名。说是不仅香港一带有，它们分布的区域颇广，从印度以至中国长江以南都有。

香港一带有野生的马骝，我们从旧时的《新安县志》上也可以得到佐证。新安即今日的宝安，当时的香港岛是属于新安县官富司管辖的。《县志》云：

猴乃狝猴之属，能谙人性，穴处山谷中，千百为群。邑之伶仃山、担竿山等处，所产最繁，俗呼马骝。

担竿、伶仃虽在今日香港界外，但据香港大学博物学教授香乐思的记载，直至最近，这些岛上仍有野生的猴类存在。至于在今日的香港岛上，则深水湾、大潭水塘，以至山顶的南面，仍偶然可以发现猴群。不过没有人捉来研究过，因此，不知道它们是否是当年斯温荷氏等人所见的那些野生石猴的后裔，还是被人豢养而逃逸的其他种类的驯猴。

　　新界沙田的猴子林，一名马骝山，是香港名胜之一。从前那一带的树林内猴子很多，而且很驯熟，如果有游客在树下拿出食物来，它们会成群从树上跳下来乞食，并不怕人。香港沦陷时期，林木给日本人砍光了，猴群四散，直到近年，在石梨贝水塘附近，又形成一个新的猴子林了。

　　不过，从前马骝山的马骝，乃是经人豢养过放在那里的，并不是香港原来的野马骝。它们栖身在马骝山的历史并不很久。本地人传说是一位住在新界的姓陈的航海客放在那里的，外国人则说是在第一次欧战期间逃聚在那里的。

◆ 分布在香港的猴子为猴科的猕猴（*Macaca mulatta*），又名普通猕猴、恒河猴，原产于印度北部、孟加拉、巴基斯坦、尼泊尔、缅甸、泰国、阿富汗、越南和中国南部。

猕猴

香港的野马骝

新蝉第一声

"微月初三夜,新蝉第一声。"这是大诗人白居易闻新蝉诗中的两句。他这首诗大约是在北方什么地方写的,因为诗题是"六月初三夜闻蝉",一定那地方气候比较冷,所以六月始闻新蝉。但在香港,则一到四月初,你就可以听到蝉声了。

前几天天气比较暖,我已经听过窗外树上第一声的新蝉,那声音断断续续的,叫了几声就停住了,好像很生怯。这几天天气又转冷,便不再听见它叫了。遥想它一定在枝上竭力抑捺自己的兴奋,静候这寒流的尾潮一过,从此就可以放怀唱个痛快了。

蝉声一来,就表示夏天已到。香港叫得最早的蝉,并不是我们通常所见称为"知了"的那种大蝉,而是一种黑色的小蝉,翅上有两点黄色的斑点。它的叫声也不像普通的蝉那样,而是"滋——滋"。声音叫得非常响亮。这种小蝉,中国旧时称为蟪,又名蟪蛄。有青色的。香港更有一种红色的,它们的鸣声都与那种褐黑色的大蝉不同。

雌蝉不会叫,所有会叫的蝉都是雄的。因此古希腊诗人萨拉朱斯曾有两句非常幽默的《咏蝉》小诗:

蝉的生活多么幸福呀,因为它们有不会开口的太太。

据著名的昆虫学家法布尔说，雌蝉不仅不会叫，它们似乎连听觉也没有。因为他曾在有蝉的树下放了一枪，它们似乎一点不受惊扰。

人类对于蝉素来有好感，尤其注意它的鸣声，所以古希腊诗人咏蝉的很多，中国旧诗以蝉为题材的更多，而且有许多关于蝉的有趣的传说和故事。但是对于蝉的生活一向不大清楚，并且有些可笑的误解。差不多中外都是如此。直到近年法布尔等人耐心做了多年实地精密的观察，才能弄清楚它们生活的真相。

一只蝉从幼虫一直到爬到树上来叫，先后至少要经过七八年之久，有的甚至要相隔十余年。雌蝉的卵是产在树干上的，它们孵化后会从树上落到树根下，然后掘土向地底下钻去，有时要深入土中十余尺，遇到有树根的适宜地方便停住，以树根的汁液为营养。这样一直要在土中生活七八年（有一种蝉的幼蛹要在土中隐居十七年），幼虫才生长成熟，然后本能地在一个雨夜掘松了泥土往上爬，爬到树干上休息一下，开始蜕壳，从裂开的壳背上就爬出了一只完整的新蝉。那只空壳，就是中国药材铺里所卖的蝉蜕。新蝉继续爬上树梢，不久就开始试它蕴蓄了七八年之久的新声了。

羽化的蝉

黄点斑蝉

◆ 香港叫得最早的蝉为蝉科的斑蝉（*Gaeana maculata*），又名黄点斑蝉。本篇中法布尔说"雌蝉没有听觉"，实际上雌蝉有听器，可以感受雄蝉的求偶鸣叫。蝉为不完全变态昆虫，一生经历"卵——若虫——成虫"阶段，本篇所述的幼蛹实为蝉的若虫在土中的状态。

夜雨剪春韭

有人注释杜甫的这句名句"夜雨剪春韭",认为不是用剪刀到后园里去剪韭菜,而是在下锅炒的时候,将它们剪齐。这真是上海人所说的"缠夹二先生"的胡缠。韭菜是种一次可以继续采用多次的。因此不便像青菜萝卜一样连根拔起来。又因为太多,不能像葱一样随手摘几根,所以不用剪刀去剪,便要用小刀去割。江西人的儿歌,就有"剃头刀儿割韭菜,寅时割了卯时有"之句,形容韭菜愈割长得愈快;陆佃的《埤雅·说韭》,也说韭菜用剪,并且不宜在日中剪,引古谚"触露不掐葵,日中不剪韭"作证。此外,《齐民要术》所载种韭的方法,也一再提到用剪。可见杜老的"夜雨剪春韭",是深懂园艺生活而又有季节感的写实名句,不能用灶下婢或伙头的观点去曲解它也。

香港的韭菜非常好,又肥又长,韭黄更好。但是香港人平日家常似乎不大吃韭菜,只有吃狗肉的时候才一定要用茼蒿、韭菜。平时是连韭菜炒蛋、韭菜豆腐煮烧肉也少吃的。这可便宜了北方人,韭菜包饺子、烙饼;韭菜煮豆腐、炒肉丝、炒螺丝肉;最妙的是炒豆腐,用干锅将豆腐烘得黄黄的,然后弄碎了炒韭菜,干香开胃,实在是一味价廉物美的家常好菜。北方人还懂得腌韭菜,将肥大的韭菜整把地塞在坛子里用盐去腌,不久就可以拿出来切了生吃，别有风味。香港的韭菜又多又便宜，既然本地人不常吃，倒落得让北方人大快朵颐了。

杜甫所说的春韭，其实就是韭黄。北方气候与南方不同，不能像香港这样几乎随时可以买得到韭黄，仅在春天韭菜发芽时才有的。这是真正的韭黄，不是用人工遮掩着阳光烘焙出来的，所以滋味非常甜美，价钱也特别贵。北方人新正吃春卷，最讲究的便要用肉丝炒韭黄作馅。北方的韭黄短茁肥嫩，没有香港的韭黄那么长，是园蔬中的珍品。《山家清供》载，六朝的周颙，清贫寡欲，终年常蔬食。文惠太子问他蔬食何味最胜，他答曰："春初早韭，秋末晚菘。"这可说是对于韭菜最有理解也最有风趣的评价。

古人对于春韭久已尊重。《诗经·豳风》，四之日献羔祭韭；《礼记》也说，庶人春荐韭，配以"卵"，大有用鸡蛋炒韭黄祭祖宗之意；至于《本草》里所载的韭菜医药功用，更是连篇累牍数不清。

韭菜一名懒人菜，因为只要种一次，就可以割了又长，长了又割。

韭黄

◆ 每年春天韭菜发芽时长出的第一茬嫩叶称为春韭，味道鲜美，下端叶鞘部分在埋土环境会软化变白，称为"韭白"。韭菜在弱光覆盖的环境下培育即可以得到柔软、黄白、鲜嫩的韭黄。

后海湾的鹭鸶

后海湾一名深湾,是深圳河入海的出口,在新界元朗西北面。因为地点空旷冷僻,是香港唯一可以见到大批各种水鸟的地方。从鹭鸶、鹳鹤以至鹈鹕,都有机会见到。尤其在冬季,因为许多水鸟都喜欢从北方到香港来过冬,所以能够见得到的更多。

香港最容易见到的是大白鹭和塘鹭。鹭鸶是喜欢缩头缩颈的,它们飞起来也是如此,喜欢缩着颈子,但是同时却将双脚伸直到后面。这是它们的特点,所以一望就知道。这是鹳鹤与鹭鸶最容易辨别的地方。因为鹳鹤和野鹤飞起来,则喜欢伸长了颈子,同时却将双脚挂在身下。中国旧时画家画空中飞着的仙鹤,往往将它们的双脚姿势画成像鹭鸶一样,这是观察不真之故。我们对于鹳鹤不大看重;但是外国人则对它们发生极大的兴趣,尤其是儿

五十年代的新界后海湾　　　　　　在新界树顶筑巢的大白鹭

小白鹭的飞行姿势　　　　　　　　东方白鹳的飞行姿势

童，因为民间传说所有的孩子，都是由鹳鹤衔了从壁炉烟囱里送来的。

后海湾一带，容易见到鹭鸶等水鸟的原因，是因为它们喜欢在水里觅食。元朗屏山乡一带的水田很多，因此，它们都聚集在这一带了。它们的主要食料是小鱼，但是也吃田螺、田鸡、老鼠，甚至蛇。鹭鸶的嘴坚硬有力，一条蛇被它一啄就是两截。

鹭鸶是有群居习惯的。它们虽是水鸟，结巢却在大树顶上，而且喜欢大家结伴处在一起，并在固定的地方。每年在北上避暑或南下避寒之后再回到香港时，一定仍到原来的地方去结巢，这习惯颇与燕子相似。新界的沙头角、锦田、屏山乡以及大屿山，都有这种所谓鹭鸶巢。但规模最大的一处，则是在林村谷土名叫"坑下坡"的一座树林内。

鹭鸶等水鸟的身上，有一种油质的腺，它们时常用嘴抹了来涂在羽毛上，所以能入水不濡。鹭鸶捕鱼很有趣，它们不似鱼郎或是翠鸟那样，在飞行中突然"扑"的一声飞入水中衔出一条鱼来。它们乃是在浅水中缓缓地步行，躬背缩颈，那模样极似一个身披蓑衣的涉水老渔翁，见了鱼就一口啄去，百无一失。更有一种则凝然站在水中不动，等候鱼儿游过脚下就捉。中国旧时的寓言上称它们为信天翁，其实这该是另一种海鸟的名称。

今日深圳湾

◆ 后海湾即今日的深圳湾，是位于香港新界元朗和深圳蛇口东南方之间的一个海湾，原属香港管辖，香港主权移交后深圳湾北部由深圳管辖。后海湾内湾收录于《国际重要湿地名录》之中，湿地极具生态价值，冬季有大量远道而来的候鸟来此过冬。文中提到的鹭鸶是鹭科鸟类的统称；鹳鹤分别指鹳科和鹤科鸟类的统称；鱼郎和翡翠指的是翠鸟；信天翁则是鹱形目信天翁科鸟类的统称。

青草池塘处处蛙

香港虽然在春末夏初多雨，可是缺少小池塘，除了到新界郊外以外，不容易听到蛙声。因此，如要欣赏铺满浮萍的绿色小池里的"阁阁"蛙声的诗境，只有到江南去寻求了。但香港另有一种青蛙，它们不喜欢入水，却喜欢上树，普通称为树蛙。

树蛙全身黄褐色，背上有一个暗黑色斜十字形的花纹。它们的趾尖有很大的吸盘，所以能爬树，而且能坐在树叶上面不致滑下来。

树蛙像变色蜥蜴一样，有很惊人的变色能力。它们能适应环境，将黄褐色的身体变成灰暗的树干或是泥土的颜色。若是有阳光，它们又能随着藏身的树叶变成明亮的绿色。生物学家研究树蛙变色的过程，认为是它们吸收了光线以后在皮肤上所起的反射作用，因为若是失去视觉，它们的变色能力也消失了。这种情形颇与鲤鱼差不多。因为一条青灰色的大鲤鱼，若是失去视觉，立刻就变成黑色的了。

树蛙在香港很多，从山顶直至筲箕湾都有。只是因了它善于变色，所以不容易被人发觉。据说大学堂的生物学教授，有一次捉了几只树蛙在实验室里做实验，逃走了一只，这位教授同学生在实验室里找了好久找不到。后来才发现它停在当眼的墙上，已经将身上的颜色变得同灰黄的旧石灰墙差不多，因此一时找不到。

树蛙仅有二寸多长，雌的比雄的略大。目前正是它们的产卵时节。它们的卵也像普通的青蛙一样，外面是有一层胶质黏液的。可是它们并非产在水里，而是产在俯临山涧的小树枝上。蛙卵孵化出来以后，它们本能地会从枝上向下面跳，跳入水中变成蝌蚪。

除了树蛙以外，香港还有十几种青蛙，但是都没有树蛙这么多。有一种被称为铲足蛤蟆的蝌蚪，小而黑，在二月初就在山涧里游泳了。它们不像普通的蝌蚪，嘴上生着一根细长的吸管。不用直接浮上水面，只要将吸管伸上来，就可以吸取浮在水面上的微生物了，那样子颇像是潜水艇的瞭望镜。另有一种黑而大的蝌蚪，也孵化得很早。它们长大了就是普通的所谓田鸡。目前我们在郊外稻田里听到"阁阁"叫的，便是它们了。

斑腿泛树蛙

虎纹蛙

小弧斑姬蛙的蝌蚪

◆ 文中所指树蛙为树蛙科的斑腿泛树蛙（*Polypedates megacephalus*），产地就在香港。铲足蛤蟆可能为姬蛙科的小弧斑姬蛙（*Microhyla heymonsi*），田鸡为蛙科的虎纹蛙（*Hoplobatrachus tigerinus*）。

三月的野花

在三月的香港看花,当然最好看的是杜鹃。但除了杜鹃以外,香港这一个月可欣赏的野花,可正多着。因为从三月到五月,正是香港的各种野花竞秀的季节,从山上几丈高的大树,以致山坡上的杂草堆里,都能出人不意地钻出奇异可爱的花朵来。

香港有很多种兰花,已经由植物学家著录的共有七十五种,它们都是野生的。中国向来称赞兰为王者之香,因为它们生于幽谷。因此在香港要欣赏野生的兰花,你得到比较阴湿的山边、大树根下、岩石底下以及瀑布山涧的旁边,更好的是平日人迹少到的悬崖峭壁去寻找。中环上面仰望上去的维多利亚峰的那一片峭壁,就是香港出生野兰著名的地方。此外,香港岛上的德忌笠角、马己仙峡,新界的马鞍山、大帽山顶,大屿山的凤凰山顶,都是出产少见的奇种野兰的地方。

在三月里开花的野兰,值得推荐的仅有两种:一种本地人名为"石仙桃",花淡黄色,中间伸出一条乳白色的舌,一根茎上可以开花十几朵至二十朵。它们喜欢生在大树根下和岩石脚下暗湿的地点:在香港的扯旗山、西高山和其他的山上都可以见得到。叶子约有两尺高,是香港春天最常见的野兰。

另一种本地人名为鹤顶兰,因为未开花时很像仙鹤头,西洋人称它们

石仙桃

为"尼姑兰"。花茎很高，可以有三尺长，每茎上有花十余朵，逐朵开放，可以继续至一个月。鹤顶兰是棕黄色的，花芯紫色，每一朵盛开时大至四寸，是本月份容易见到的最美丽的野兰。

黄白相间的金银花，以及朱红色的炮仗花，是本月份在香港人家园林里最容易见到的墙头花。它们常常从墙上和花架上爬到园外来，形成"春色满园关不住"的模样。

还有，我们不能不再提起一下

炮仗花

木棉，因为它们是在本月份最受人注意的一种花树。在本月份开花的大树还有多种，花朵多是白色或淡紫色的。有意欣赏的人最好到植物公园去看一下，多数的树根下都注明着它们的学名。

鹤顶兰

◆ 本篇提到的石仙桃为兰科的植物石仙桃（*Pholidota chinensis*），因假鳞茎像桃子而得名；鹤顶兰是兰科植物鹤顶兰（*Phaius tankervilleae*）；金银花为忍冬科植物华南忍冬（*Lonicera confusa*）；炮仗花为紫葳科植物炮仗花（*Pyrostegia venusta*），原产于南美，后引种到亚洲各地。

三月的树

三月的香港，已经是看花的季节。但除了看花之外，我觉得在初春的香港，还有一种美丽的东西可看，那便是郊外、山上、路旁以及你的园子（如果你是一个这样有福气的人）里的各种树木的新叶和嫩芽。

在国内，我们见惯了树木在秋天开花落叶。立秋一过，梧桐树首先飘下它的第一张落叶。随着无情的西风和霜气，各种树木的叶子都开始由绿变黄，纷纷下坠。深秋在北京西山，或是杭州西湖上的灵隐，我们这时便可以见到终日满天落叶飞舞的胜景。于是到了冬天，除了松柏一类的常绿植物以外，所有的树枝差不多都是光秃秃的了。

但在香港却不是这样。香港的树，秋天并不落叶，整个冬天也能保持它们的叶子，甚至并不变黄。但是春天一到，就在现在这样二月尾三月初的时候，常常一棵树在一夜之间就会褪光了全树的叶子。它们可说不是落叶而是换叶。因为这种变化，乃是由于内在的要求：春天到了，新叶已经准备好了一切，急于要钻出来，于是已经尽了责任的隔年旧叶就毫不踌躇地将它们的地位让给新的一代了。

三月的香港天气，是最多变的，不仅气温冷热不定，就是晴雨也没有把握。从前人称这样的天气为"养花天"，在香港这时，则可以说是"养叶天"。因为一棵在前几天刚褪光了叶子的大树，你只要三四天不曾留意它，经过夜来一场细雨以及早上一场太阳之后，光秃的树枝已经又缀满新叶的嫩芽了。

新茁出来的嫩叶芽苞，除了最常见的嫩绿色的以外，有的更是粉红和嫩黄的，有的仅是一丛毛茸茸的小圆球，一眼看来几乎以为是开了花。它们变化得很快，太阳一晒，昨天还是空疏的枝头，今天已经是一片新绿了。映着阳光，这种嫩叶全然是透明的。

就是路边的老榕树，它们是终年常绿的，也在这时开始换上它们的新装，它们是逐渐换的，落了一批旧叶换上一批新叶，因此在你不知不觉之间，它们已经全树焕然一新了。

榕树换新叶（黄葛树）

◆ 香港有多种榕树，春天换叶明显的有黄葛树（*Ficus virens*）、笔管榕（*Ficus subpisocarpa*）等。

三月的树

青竹蛇

又到了农历的惊蛰了。按照《月令》所记，惊蛰闻雷，冬眠蛰伏的百虫皆惊醒，从此又开始出来活动了。其实，在整个冬天，香港就不曾断过蚊虫和苍蝇，蟑螂也继续在活动。不久以前我就在路上见过一条大百足，足足有七寸长，挥动它的二十二对脚（这是香港百足的脚的真实数目，但是除了最前的一对进化为钳状，最后的一对又退化成尾状以外，一条百足其实仅为四十只脚），如飞地爬了过去，可见它不待惊蛰的雷声，早已东山再起，出来"捞世界"了。

随着树木的萌芽，在新绿的树丛中，时常会有一种小蛇隐伏着，全身绿色，尾上还有暗蓝的条纹，恰似日光在树丛上所投下的阴影，因此使它们构成了很巧妙的保护色。这是香港所出产的一种小毒蛇。因了它浑身绿色，被称为青竹蛇，是香港所能见到的蝮蛇科唯一的毒蛇。它的眼鼻两旁各有一块凹痕，颇似响尾蛇，这是它们的特点。

青竹蛇很细小，普通仅有一二尺长，最长的也不足三尺。虽然可能会有四尺长的青竹蛇，但在香港还未有过这样的正式记录。

青竹蛇咬人很快。过山风和响尾蛇之类，虽然有剧毒，但是它们在实行攻击之前，先要嗞嗞作响发出警告，使对方有机会及时逃避。可是青竹蛇见了人往往立刻就咬。因了它全身细小，又是碧绿色的，隐在树叶底下或在草丛中不易发觉，所以，采集花果和刈草的园丁往往为它所乘。

青竹蛇虽然小，但是嘴上的毒牙却很长，而且牙内的中空部分很大，能流注很多的毒液，所以，给它咬上一口是很麻烦的：成人虽不致死，但要挨受一场大苦；小孩和狗类被咬了，若不及时救治，则往往会送命。香港虽然时常有青竹蛇咬人的新闻，但还不曾有一个成人被咬死过。

矮树丛生和杂草茂盛的山坡，是青竹蛇最喜欢出没的地方，它们喜欢在阳光中躲在树叶底下休息，谁接近了它的警戒线就是嗖的一口。这种蛇在本港以赤柱一带最多。

白唇竹叶青

◆ 青竹蛇即竹叶青，是蝰蛇科下的一大类毒蛇。在香港，青竹蛇具体种类为白唇竹叶青（*Trimeresurus albolabris*）。

青竹蛇

四月的花与鸟

对于自然的爱好者,香港的四月是一个可喜的月份。基督教徒的复活节是排在四月的。对于爱好自然的人,四月里复活的不仅是"神",随着春天的苏醒,整个大自然都从冬眠中复活了。

从北方和南方到香港来过夏天的鸟类,现在都开始一个一个地来了。还有从南方回到北方去的候鸟,它们路过香港时,大都要在新界一带停留几天,整理羽毛,休养体力,然后再继续北上。新界的树林和田野,富于果实嫩苗和小虫鱼介,自能供给它们丰富的食料,从不向它们要入境证,也不向它们索取过境税。

在这个月内,香港有好几种有名的花树都开始开花。蛇、蜥蜴、青蛙和其他许多爬虫,从这个月份起,也应有尽有地一起四处活动了。

桐油本是中国的特产,现在正是桐树开花的时候。好多年以前,港英当局曾有在新界山上试种桐林的计划,苗圃就在将近沙田的公路两旁,这是从广西移植来的树苗。因此我们现在如果沿大埔道经沙田一直到粉岭,路旁和山坡上都可以看到许多桐树。现在正开着花,桐花是白色的,许多朵簇生在一起,像是绣球花。

香港另有一种与中国桐树相类的灌木,一般人称为蜡烛树,这是从马来半岛移植过来的。桐树仅在新界沙田粉岭一带可以见到,但这种蜡烛树则在

红花羊蹄甲

香港路边随处可见。渔农署在路旁所布置的树苗，多数是这种树。湾仔的修顿球场四周就有许多棵。它们长得很快，叶大荫浓，所以是一种理想的街道树，只是样子粗俗一点罢了。蜡烛树的花也是白色的。它们有一特色，开花的时候，树叶上会生出一种白色的茸毛，看起来像是被人满树浇了石灰水似的，因此你从老远一望就能辨认得出。海南岛也有这种树的出产。它们的果实虽不能榨桐油，但含有一种油质可作普通燃料点灯之用，因此南方人称它们为蜡烛树。树身的木料可以作木屐。

被一般人称为"洋紫荆"的巴希利亚树，也是现在开花。

这种树不很高，叶子两瓣合在一起，叶色嫩绿，能开出紫红色的大朵花，是香港路边所见到的最美丽的一种树。电车路上海银行大厦对面的草地上就有一棵。香港学生喜欢采它们那种两瓣长圆形合在一起的叶子作书签，说是能令人读书聪明，所以又称为聪明叶。近年，这种树的紫色花朵被定为香港的市花了。

大影树，外国人称它们为火焰树，也是这个月份开始开花。大影树的叶子已经非常美丽，再加上开在树顶上的朱红色的花，在四月晴朗的阳光中望来，烘烘然的一派红光，实在不愧称为火焰树。本地人称它们为影树，是因为那浓绿的柔软下垂的叶子，在夏天特别受人欢迎，所以称为影树，有些人又称它们为凤凰木。

在我住处的近旁，本来有一棵高大的影树，每逢夏初开花的时候，乘船从海中望上来，远远地也能望见树顶上的那一片红花。我坐在窗前，落花有时会从半空一直飞堕到我的案上。去年那块空地为要建新屋，这棵大影树便被人七手八脚地锯倒了。连带我至今对那一带新屋也没有好感。

凤凰木

从这个月开始，香港可以有机会见到许多平时所少见到的鸟类，这些都是在南方度完了冬天，开始又飞回蒙古、中国东三省和日本去的候鸟。它们有时在香港会停留多日。观察野鸟最方便的地点，不在香港岛上而在新界大陆，尤其是屏山和林村谷一带，是香港野鸟最多的地点。不仅现在，那里的野鸟一年四季都比香港岛上多。

四月里到香港来过夏天的鸟类客人，最值得注意的是绶带鸟，又名寿带，有时又称一枝花。在香港可以见到的绶带鸟共有九种，但停留在这里直到冬天才走的只有一种，那便是外国人称为"乐园捕虫鸟"的一种绶带。它们黑头黑冠，胸部赭黄色，嘴和眼圈却是浅蓝色的。身体仅有三寸长，可是雄鸟的尾羽有时却可以长至十六寸，就是

黄鹡鸰

木油桐

雌鸟的尾羽也长三四寸。拖着长尾巴在树丛里跳来跳去,是本月份在香港开始出现的最美丽的一种小鸟。

黄脊鹡也是在春末经过岛上的鸟类客人之一。它们共有三种,有灰黄和白脸的分别。留在这里不走的是黄脊鹡。它们不似绶带那样,终日在树枝里上下飞舞,而是喜欢飞到地上来觅食,尤其是秧田里。它们走路时喜欢将尾巴一翘一翘地上下翘动。全身青灰色,可是眼上有一条黑眉毛,老远就能看得清,所以称为黄脊鹡。

◆ 本篇所述桐树为大戟科植物木油桐($Vernicia\ montana$),蜡烛树可能为大戟科的植物白楸($Mallotus\ paniculatus$)。在香港称为洋紫荆的豆科植物,在内地的名称为红花羊蹄甲($Bauhinia\ \times\ blakeana$);大影树为紫葳科植物火焰树($Spathodea\ campanulata$);寿带鸟指的是王鹟科的寿带鸟($Terpsiphone\ paradisi$);黄脊鹡为鹡鸰科的黄鹡鸰($Motacilla\ flava$),雄性黄灰色,雌性白灰色。此外香港常见的还有白鹡鸰($Motacilla\ alba$)和灰鹡鸰($Motacilla\ cinerea$),作者可能将这三种鸟混为了一种。

四月的花与鸟

猫头鹰

住在香港市区的人，没有机会能听得见猫头鹰叫，可是，如果住在新界乡下或是香港半山区以上，尤其是在薄扶林一带林木密茂的区域，夜晚时常会听到屋外传来一种"呜噜噜，呜噜噜"的怪声，使人听了毛发悚然，这便是猫头鹰在叫了。

猫头鹰是昼伏夜出的。白天里睡觉，夜幕既降，它便拍拍翅膀，霎一霎那一对圆而且大的眼睛，这样"呜噜噜，呜噜噜"地叫几声，准备飞出去觅食了。猫头鹰的叫声有多种，有时会像病人或是像老牛的呻吟，有时又会发出一连串的"格格"怪笑声，响彻夜空。

栖息在香港岛上和新界一带的猫头鹰，共有十种之多。不过种类虽多，它们本身却不常被人见到。这一来因为猫头鹰是过夜生活的，白天不易见到；二来种类虽有十种，但这只是就历来鸟类学家在香港曾经见过者而言，其中有半数都是偶然从内地飞入香港境内，住了几天又飞走的。

香港常见的几种猫头鹰，其中一种是锡兰产的棕色吃鱼猫头鹰，它们喜欢在薄扶林水塘的山上做巢；另一种被称为鹫种的猫头鹰，栖息在新界的山上，从广东直至云南境内都可以见得到；还有一种日本种的小猫头鹰，它们遍布于中国东南沿海一带，因此香港境内也有它们的踪迹。

香港最多的猫头鹰，是一种被称为"赤脚"、项上有圈环的猫头鹰，从云南、四川直至广东都有。这种猫头鹰体形不大，约九寸至十寸长。叫声好凄恻。我们常听到的"呜噜噜"的叫声，多数是它们所发出的。

猫头鹰多数喜欢在大树洞内做巢，但有时也会利用喜鹊的旧巢产卵。猫头鹰的主要食料是老鼠，有时也捕食小鸟；锡兰种的吃鱼猫头鹰便喜欢吃鱼虾和蟹类，赤脚猫头鹰则喜欢捕食昆虫。

猫头鹰的名誉向来不大好。这大约因为它的样子古怪，叫起来难听，又是昼伏夜出的，遂有许多关于它的古怪的传说。中国从前称猫头鹰为枭，说它是不孝之鸟，子食其母，将母鸟吃剩了一个头挂在树上，所以称杀头为枭首；又说枭鸣是死人的预兆。这都是不经之谈。

领角鸮

◆ 锡兰为斯里兰卡的旧称，那里产的棕色吃鱼猫头鹰为鸱鸮科的褐鱼鸮（*Ketupa zèylonensis*），现已比较稀有。里面提到被称为鹫种的猫头鹰可能为雕鸮（*Bubo bubo*）；日本种的小猫头鹰可能为领角鸮（*Otus bakkamoena*）；赤脚项上有圈环的猫头鹰可能为斑头鸺鹠（*Glaucidium cuculoides*）。由于栖息地的破坏和人类的滥捕，现存的猫头鹰（鸮形目）鸟类均为国家二级保护动物。

斑头鸺鹠

山狗和水獭

香港人在重阳节去拜山，你可以听见他们这时会提起一个在平时少提起的名词——山狗。

他们所说的山狗，是人而不是狗。有时指负责巡查山林的园丁；有时指出没坟场盗窃花木对象甚或掘墓的歹徒；有时又指打扫坟山的土工。除了对歹徒，山狗这名词实在太不妥。特别在江浙一带，对于打扫祖坟山地的乡下人，是尊之为"坟亲家"的。

但是香港山上却有真的山狗。它们不是普通的野狗，也不是流浪山野的丧家之犬，而是近于狼的被称为"dhole"的动物，一般人称它们为红毛狗。这种野狗，据说在印度很多，它们能够集体攻击老虎。描写印度风物著名的英国小说家吉卜林，就曾有一篇题名"红毛狗"的短篇描写它们的生活。香港的红毛狗当然没有印度那么多，但新界一带却偶然会有这种东西出没。它们的模样颇似本地人称为中国种狼狗的那种大黄狗，毛色黄得近红，脚很短。它们喜欢吃海边的小蟹和死鱼，因为，在夜里时常三四只一群走到海边来觅食，过去曾有人在启德机场见到过。此外，青山、大帽山、九龙山都曾经发现过它们的踪迹，香港岛上则从未见过。

红毛狗显然不同于由家犬流浪山头而成的野狗。《广东通志》云："韶州有赤狗，穴居，吠则不祥。"所指的就是它们。广东少狼，赤狗就替代了狼的位置，但它们并不像狼那么凶恶。

水獭在香港是属于被保护的小动物之一，是不许人捉捕的。事实上，水獭皮虽然很值钱，在香港却不容易捉得到，因为它们现在已经很少，白昼又喜欢躲在洞里不出来，所以根本连见也不容易见到的。旧说香港岛南赤柱浅水湾一带有很多水獭，近年已经很少见了。现在还有水獭的地方，是大屿山和元朗后海湾一带，但也只有住在海滨的人才有机会见得到。

水獭虽然以鱼为食，但它们却住在岸边的洞里而不住在水里，小水獭甚至不会游水，要像人一样慢慢地才学会，因此动物学家说它们水居生活的历史一定很短。

中国对于水獭有许多古怪的传说，说它们能成精作怪，滨水人家的妇女害怕水獭，正如城市人家害怕狐狸一样，原因就在于相信它们能迷人。又说獭终年捕鱼，每年要祭鱼一次，《月令》上有"孟春之月，鱼上冰，獭祭鱼"的记载。据说獭祭鱼时将鱼排列岸边如陈列俎豆那样，因此，古人嘲笑写文章的人找了许多书放在手边来乱抄一通，为"獭祭"。

◆ 山狗即犬科的亚洲豺犬（*Cuon alpinus*），别名豺、豺狗、红狼、红毛狗，而今已被列为IUCN的濒危物种以及国家二级保护动物。分布在香港的水獭为鼬科的欧亚水獭（*Lutra lutra*），已列入国家一级保护动物。

豺

水獭

害虫的天堂

香港有许多美丽的徽号——东方之珠、帝国皇冠上的宝石、民主橱窗、人间天堂、走私者的乐园……这已经不少了。可是昨天看书，忽然发现香港还有一个别名，虽然不大冠冕，却是我以前从未听到过的。我一向自负"渊博"，这一来才发觉自己实在很鄙陋，现在提起笔来还觉得脸红哩。

这个别名是一位英国生物学家给香港题的。他是香港大学医学院的生物学教授，喜欢研究昆虫，尤其是对人类有害的害虫。他说香港害虫之多和大家对它们放任不管的情形，实在令人惊异。他认为照这情形看来，香港实在毫无问题可以称为"害虫的天堂"。

对于香港害虫之多，他举出蟑螂、白蚁、蚊虫、苍蝇、木虱为例。他说他初到香港来授课时，有一天想找几只木虱来做实验标本。拿了两只玻璃管交给大学堂的"苦力"，吩咐他们给他捉几只木虱来。第二天苦力交还玻璃管给他，两只玻璃管里装得满满的都是木虱。他说那情形比他想象中的整个香港所有的木虱还要多，而他们还说只是随手从床上捉来的。

对于苍蝇之多，他举出长洲和大埔墟两个地方为例。他说这是新界清洁程度最好的两个地方，可是只要看看街边卖的咸鱼、猪肉和甘蔗上面的苍蝇的情形。他说如果有人能数得清楚，他真可以不经考试就给他一个数学学分。

香港的蚊虫本来很有名，因此疟疾也有名。跑马地快活谷和赤柱坟场里的那些十九世纪五十年代的坟墓,墓中人十有八九是香港疟疾的牺牲者。当时英国人提起香港就摇头,有句俗话说:"You go to Hong Kong for me."意思是说:"如果派我到香港去,请你去埋我个坟。"就因为当年香港的蚊虫和疟疾太厉害。香港的蚊虫现在虽然比从前少得多了,但是夜里耳边有时仍然可以听到嗡嗡声,而且简直一年四季都有。这位生物学教授提出了一个灭蚊的好办法,他劝港英当局饲养蜻蜓,因为蜻蜓是喜欢吃蚊虫的。他说这方法比改建沟渠省钱得多了。

对于蟑螂和白蚁,他认为目前还没有简单有效的扑灭方法。他提议港英当局拨款聘请昆虫专家来研究对策。

我不知官方对他的建议反响如何。看样子好像很冷淡,因为至今不见报上有"从伦敦聘请研究扑灭香港害虫专家"抵港的消息出现。因此,如有人在民主橱窗里发现有苍蝇或木虱,切不必大惊小怪,因为这里同时还是"害虫的天堂"呀。

麻蝇

木虱危害的树叶

◆ 木虱是半翅目木虱科的一类昆虫,多危害木本植物。短角亚目蝇科的昆虫俗称苍蝇,多以腐败有机物为食,有些种类可以传播疾病,为卫生害虫。

从鳄鱼谈到爬虫类

香港中环有一座著名的茶厅被称为"鳄鱼潭",可是我们所见到的只是两脚鳄鱼,很少有机会见过一条真的四脚鳄鱼的。这并非由于韩文公的力量,靠了他的一篇大文将鳄鱼从潮州一直驱逐到南洋去了,而是因为香港一带的海滨近年根本没有鳄鱼。据本地人的解释,鳄鱼与鲨鱼是势不两立的,香港海外不时有鲨鱼出现,因此鳄鱼都避到别处去了。只有在一九一二年,香港曾偶然发现过一条鳄鱼,此后便一直不曾再有过了。但在生物史上,广东三角洲一带在过去是有鳄鱼栖息过的。

鳄鱼在动物分类上是属于爬虫类的。爬虫类的动物一共包括四大类,即龟、蛇、蜥蜴和鳄鱼。本港所出产的爬虫类动物,除了鳄鱼少见之外,其他三类都相当丰富。香港出产的乌龟共有十种,其中海龟仅有一种,其余都是淡水龟,最常见的就是本地人称为金钱龟的一种。龟类的肉很好吃,本地人不仅吃水鱼,也吃一般的乌龟。吃乌龟不比吃狗肉,法律是不干涉的,因此,你在街市上随时可以买得到金钱龟和水鱼。水鱼也是龟之一种。不过香港市上所卖的水鱼,大都是从广西运来的。

香港出产的蛇,共有二十九种,其中包括两种海蛇。

香港处于亚热带,因此,出产的蜥蜴类爬虫也很丰富,共有十六种。其中包括我们常见的盐蛇,也就是外江人称为壁虎的那种小生物。它们共有五种，在屋内屋外、树上墙上，甚至床上都可以见得到。在冬天，它们大都躲到墙缝和板缝里冬眠去了。

被一般人称为蛇郎中的那种长尾蜥蜴，香港出产的也有七八种之多。有两种颜色特别漂亮，全身绿色，背上还有四条较深的翠绿纹。它们约有七八寸长，夏天喜欢躲在沙石上晒太阳，小的比大的颜色更美丽。

香港另出产一种大蜥蜴，俗呼蛤蚧蛇，它们可以头尾长至三尺，形貌很可怕，时常被人误当作是鳄鱼。可是不常见，新界粉岭和香港岛上的赤柱都有人捉到过。山顶上似乎也有它们的踪迹，因为多年以前曾给登山缆车在轨道上压死过一条，一九三〇年又有人在卢押道捉到过一条。它们全身青黑色，身上有淡黄色的斑点或条纹。它们以蛙类为主要的食料。那样子虽然可怕，很像小鳄鱼，其实嘴里却是连牙齿都没有的。

黑疣大壁虎

金钱龟（三线闭壳龟）

◆ 本篇中提到的香港海龟为海龟科的绿海龟（*Chelonia mydas*），已濒临绝种。全身绿色有四条较深的翠绿纹的可能是蜥蜴科的南草蜥（*Takydromus sexlineatus*）；蛤蚧蛇是指壁虎科的黑疣大壁虎（*Gekko reevesii*）。

香港的茶花

本地人惯称茶楼酒家女招待为茶花。虽然将女性比作花该是一种美誉吧，但过去本地人的这种称谓，却是多少含有一种轻薄的意味。不过我现在所要讲的香港茶花，却是真正的茶花，是香港特产的山茶科植物之一。

山茶有红白两种。香港的白山茶花多是盆栽的，野生的很少，而且花也少。新界大帽山顶有野生的茶树，生在三千尺的高处，花开得小而密，它们就是著名的云雾茶。

红山茶在香港除了园栽的，还有野生的。这是香港特产的野花之一，它们是灌木，可以高至二丈至四丈，花是大红色的，盛开时每朵直径有两寸，正中有黄色的花蕊。那样子虽然比不上云南特产的双瓣山茶那么富丽，但在香港却已经是颇足观赏的一种野生花木了。它们从十一月底开始先后开花，可以一直继续至次年的三月。

野生的红山茶在香港已经有很多年的历史。一八四九年到香港来搜集植物标本的艾利氏，就已经注意到这美丽的红色花树。他当时仅见到有三株，地点当在今日干德道的上面。次年，更著名的植物学家张比翁氏来港，则说仅能找到两棵。但是相隔百余年之后，今日香港山上的野生红山茶花已很普遍。在跑马地的山上可以见得到，薄扶林道的两旁也有。在山顶缆车站近旁的卢吉道上，也有一棵很高大的，这几天正开着满树的红花。在旧鸭巴甸道的顶上更多，那里差不多有五六十棵生在一起。这种花在香港也是受保护野生花木法令保护的，所以能够愈长愈多了。这种红山茶，一般通称为"香港茶"。

红山茶不仅花美丽，它的叶子也很可爱。山茶的叶子本是有蜡光的。红山茶的新叶，像吊钟花叶子一样，映着日光，能闪出许多美丽的颜色，从油绿、蔚蓝，以至深紫。

在年宵的花市上，也有红山茶出售，它们多数是盆栽的。价钱并不便宜，但因为这是木本的花木，买回去可以开花很久，而且若是照料得宜，它在下一季还会继续开花的，所以倒值得一买。

香港红山茶

◆ 本篇提到的山茶为山茶科的香港红山茶（*Camellia hongkongensis*），又名香港茶，1849 年发现于香港扯旗山，花期为 12 月至翌年 2 月。

山猪和箭猪

野猪,俗名山猪,香港的山上没有,可是新界则很多,这因为南中国一带的野猪本来是很多的。它们是一种极凶猛可怕的动物,嘴上有一对獠牙伸出唇外,下面的一对有时向上反挑,这是用来挖掘泥土和植物根株的。山猪的冲击力很大,咬人也极厉害。给它咬了一口,或是被它的獠牙戳了一下,往往能够致命。因此不仅猎人怕它,就是猎狗也怕它。据说山猪的嗅觉极灵敏,视觉也极敏锐,奔跑迅速。它又有一见火光和响声便立刻冲刺过来的习惯,因此,老于打猎的人时常告诫同伴,见了山猪万不能从正面开枪,否则被它依着火光冲过来;万一逃避不及,那就要吃大亏了。

一只普通的大山猪,可以重至三百磅以上。新界的大帽山、马鞍山、西贡、沙头角、大埔一带的山林中,都有它们的踪迹。它们是昼伏夜出的。一到黑夜,时常成群结队地出现,能够一夜之间将整块田地毁烂,因此,对于农作物的害处很大。可是因了生性凶猛,便不像黄麖那么容易对付。

打山猪是乡下人认为最兴奋的一件事,这尤其因为山猪肉最好吃,在野味中可以说得上是珍品。

箭猪虽与山猪同名为猪,它其实不是猪,倒与老鼠、野兔、松鼠等是同宗。本地人有时很古怪地又称它们为猪鱼,书上则惯称为豪猪。

箭猪的外表像刺猬,但比刺猬大得多,有二三尺长,而且嘴也没有那么尖。身上的箭则比刺猬的又长又刚劲。这种箭非常尖锐，尖端和根上是白色的，中间则是黑白相间的。箭的长短不一，普通有七八寸长，最长的可以长至十七英寸。

箭猪在香港山上和新界都很多，它们也是昼伏夜出的，时常在夜里偷进果园和菜地偷吃果实和菜蔬嫩叶，它们能将整棵的木瓜树咬倒。

箭猪行动时或是发起威来，能使得身上的箭哗啦作响。本地人传说老鼠最怕箭猪，因为箭猪喜欢将尾巴伸进老鼠洞里去摇动作响，老鼠闻声钻出来察看，便给箭猪的尾巴戳破了鼻子。甚至猎狗也不敢惹箭猪，听见了它的响声便跑开。

豪猪

野猪

◆ 山猪即猪科的野猪（*Sus scrofa*），家猪由野猪驯化而来。野猪体形粗壮，头大，四肢短粗，雄性有一对可作为武器的獠牙。箭猪即豪猪，和老鼠一样属于啮齿目，香港的豪猪为马来豪猪（*Hystrix brachyura*），身披硬刺。

蚝和蚝田

近来报纸上时常有男变女、女变男的新闻,认为是现代的奇迹。其实,在生物界里,男变女,女变男,或是亦男亦女,实在是家常便饭。就拿广东人最爱吃的蚝来说,这小生物在一年之中,就要从雌变成雄,然后又从雄变雌好几次。

蚝是有世界声誉的美食。对于生蚝的嗜好,欧洲人比我们中国人更甚,欧洲的法国和英国都是以产蚝著名的,甚至古罗马人就已经懂得吃生蚝,视之为珍味之一。在罗马帝国末年,荒淫的富豪们的奢侈宴会,每年就不知要消耗多少由奴隶们向大西洋沿海用冰车运来的生蚝。

广东人对于生蚝,除了冬天打边炉和酥炸生吃以外,还懂得生晒制成蚝豉,又能够提取蚝汁的精华,制成著名的蚝油。

广东产蚝的地方,以中山的唐家湾最著名,其次便要数到毗连香港的宝安了。中山的蚝,就是澳门蚝油的主要来源,但晒成的蚝豉,则沙井比中山更有名,因此,香港海味店里卖的蚝豉,总是以"沙井蚝豉"来标榜。

香港新界的大埔海、元朗、后海湾,从前都是宝安辖境,因此,这些地方至今仍以产蚝著名。蚝虽是天生的,但今日我们所吃的蚝,多数都是由人工种殖的。种蚝的地方称为蚝田,最理想的地点是咸淡水交界的海滨和小河口。今日我们只要到元朗去,就可以见到后海湾的蚝田。

蚝田为广东滨海居民利薮之一。广东滨海的田地，除了有盐田、沙田之外，还有更古怪的"浮田"和"沉田"。浮田是指种植水蕹菜的田，因为种植水蕹菜的方法，是用竹片结成藤筏一样的东西，使它浮在水面，蕹菜就附着在上面。实际上是没有田的，所以称为浮田。种蚝的地方则称为沉田，因为蚝和蚬一样，都是养在水底泥滩中的，水面上根本看不见什么，也没有界限，所以称为沉田。

沉田虽看不出界限，然而各有各的范围。因为这是海滨居民终年衣食所寄，绝对不容他人侵越。从前乡下人时常发生械斗，有时就是为争夺蚝田蚬

蚝田

采蚝

塘而起。

人工种蚝的方法，乃是从母塘中将附有蚝卵的砖块，移到新塘内，使它繁殖。《新安县志》云：

> 蚝出合澜海中及白鹤滩，土人分地种之，曰蚝田。其法烧石令红，投之海中，蚝辄生石上。或以蚝房投海中种之，一房一肉，潮长房开以取食，潮退房阖以自固。

新界的蚝田，多在咸淡水交界的海边或河口。因为这是养蚝最理想的地点。蚝田的底要砂石作底，同时还要杂有一些污泥。没有污泥，蚝便不容易肥，但是污泥太深了，对于蚝的繁殖又有妨碍。蚝怕风又怕日光，因此，蚝田的方向最好能避风。翻江倒海的飓风，对于蚝田是最大的损失，水太浅了使塘底的蚝直接暴露在太阳光下也不行。新界的养蚝人经常将砖瓦、陶器的碎片以及空蚝壳倒入田底。这是蚝的最好的"家"。他们将砖块用火烧红了然后投入，说是容易生蚝。我以为这作用是杀死附在砖石上的其他寄生物的幼卵，以便蚝产卵其上，不受侵害，自然更容易繁殖。蚝可以有八年至十年的生命，养了五年采起来的蚝，最为肥美。

蚝是很娇贵的生物，它们怕风怕日光，又怕潮水和雨水。新界的养蚝人最怕连绵不歇的倾盆大雨，因为雨水一时落得太多，使蚝田里的水立刻变了质，会促成蚝的大量死亡。此外，蚝田里又出产一种螺一样的小虫，它们能分泌一种毒液使蚝麻痹死亡，是蚝最大的敌人。海边还有一种鱼名叫鹰头鱼，它们也是专门以蚝为食料的。海星也是蚝的对头，它们能抱住蚝壳，用吸力使它张开，然后卷食里面的蚝肉。

采蚝的方法很别致，他们用一种像泥橇一样的工具，形状如一个上字，是用一横一直两根木头构成的。他们一只脚跪在横木上，手扶着直木；另一只脚踏在水中，这样在海滨泥滩上如飞地滑行。海滨居民称这工作为打蚝，打蚝的多是妇女。广东民歌中有一种打蚝歌，便是在海滨打蚝时唱的。

蚝有大小，小的不堪供食用的蚝，在香港海边随处可见。附生在礁石上甚至码头木桩上的那些灰白色的碎石一样的东西，就是小的蚝房。蚝是互相连结生在一起的，所以称为蚝房，古时又称蛎房。它们能随着潮水的涨落来开闭。蚝壳非常坚利，在海边游水很容易给蚝壳划破脚底或是擦伤皮肤，就因为它们坚硬不易破碎。广东许多地方都用成块的蚝壳调了石灰来砌墙，不仅经济耐用，太阳照起来还闪出珠光，非常美丽。

本地既然出产又肥又大的生蚝，可是却不喜欢像欧洲人那样将它们生吃的原因，据说乃是因为认为蚝性寒，不宜生吃。不过，在生蚝上市的时候，为食街和大笪地街边的酥炸生蚝，一毫可以有两只，实在是最为大众益食家所欢迎的美味。笔者虽然不是老饕，有时也几乎很难抵御那香气的诱惑。

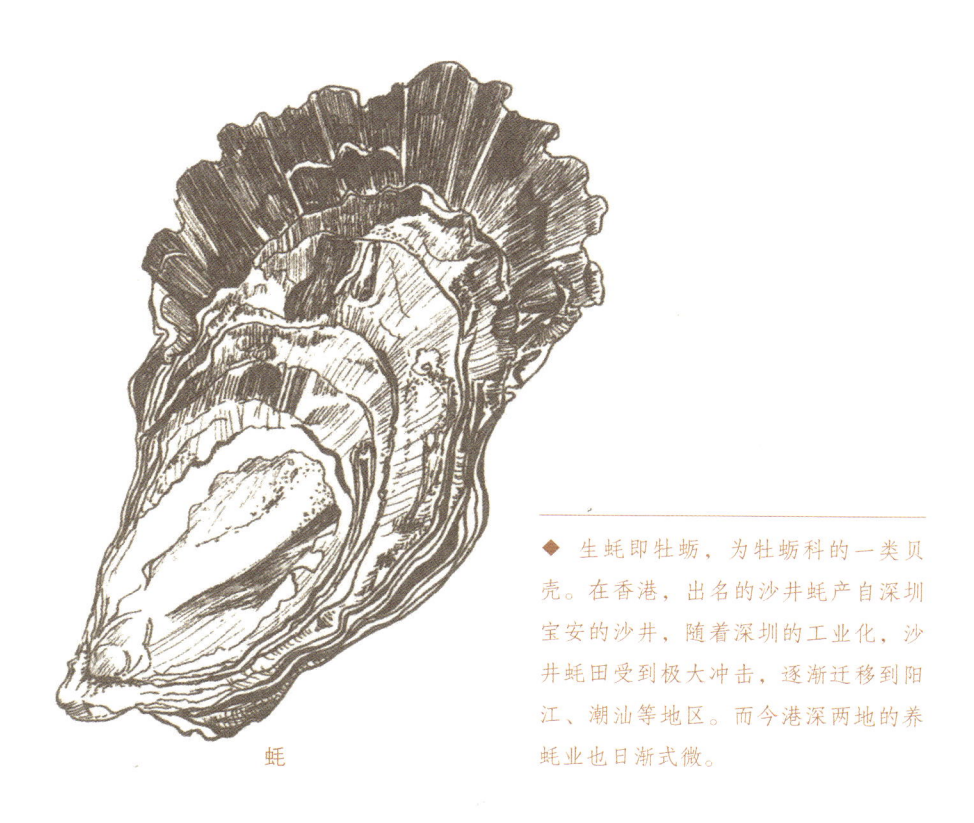

蚝

◆ 生蚝即牡蛎，为牡蛎科的一类贝壳。在香港，出名的沙井蚝产自深圳宝安的沙井，随着深圳的工业化，沙井蚝田受到极大冲击，逐渐迁移到阳江、潮汕等地区。而今港深两地的养蚝业也日渐式微。

蓝鹊——香港最美丽的野鸟

蓝鹊，一名山鹊，这是香港出产的最美丽的一种野鸟，俗名长尾升。我找不出在《尔雅》之类的中国书上该叫作什么名字。有人说该叫"鷽"（xué），但这是山雀而不是山鹊，而且身体很小，所以绝不是它。又有人说该叫"鸒"（yù），即《尔雅》上所说的"卑居"。这虽是乌鸦属，多少有一点近似，但是没有那美丽的长尾巴。中国旧时的读书人虽注重格物，但是关于鸟兽虫鱼之名，就一直是这样弄得人一头雾水。

蓝鹊不愧是香港出产的最美丽的野鸟。它的身体很大，长至二十三英寸至二十五英寸，另外还有一根可以长至十五英寸的尾巴。它的嘴和脚爪是朱红色的。头上黑带宝蓝色，头顶上是带紫的珠灰色，胸前黑色，背上是紫灰，双翅是明亮的宝蓝色，长长的尾羽黯蓝色，在尖端上还镶着白边。这种鸟喜欢成群结队地飞，时常十余只在一起。它们不喜欢平地，因此，只有到香港半山区以上的山上才有机会可以见得到。

蓝鹊生性爱活动，群居在一起时便互相追逐游戏。它们飞行的姿势是滑翔式的，翅膀不轻易拍动。因此，在山上的大榕树上或是山坡的松林顶上，见到一大群蓝鹊拖着长尾巴忽上忽下这样地滑翔飞行时，实在是一种眼福。

蓝鹊虽是香港最美丽的鸟，美中不足的是它们的名誉不很好。因为这种

鸟生性爱活动，又好群居，在春天的时候时常成群结队地往来各树林间，搜寻其他鸟类的窠巢。它们不仅啄食鸟巢中的卵，连已经孵出来的小鸟也要加以残杀，所以性情是很残忍暴戾的。它们搜寻的功夫很周到，因此，一年被摧残的小鸟不知有多少。因了它们太美丽，许多爱鸟的人都对这种不法的行为加以宽恕，然而它们的名誉终不免蒙上了玷污。

蓝鹊虽然喜欢啄食其他鸟类的小鸟和鸟卵，差幸它对于人类还有一点小功劳可以将功赎罪。那就是它是吃蛇的能手，无论是饭铲头、金脚带、过山风、青竹蛇，不论有毒无毒，一切蛇类遇见了蓝鹊就很难逃命。就为了这点小功劳，港英当局将它列入被保护的野鸟之列，不许随意捕杀。

香港山间的蓝鹊很多，九龙、新界比较少见。你若是在傍晚的时候，到花园道或薄扶林道以上的山径里散步，只要稍为留意，便可以有机会见到这种香港最美的野鸟，成群结队地在树梢上往来飞翔。

红嘴蓝鹊

红嘴蓝鹊

◆ 本篇中的蓝鹊为鸦科的红嘴蓝鹊（*Urocissa erythrorhyncha*），体长约55厘米，红嘴蓝羽，腹部白色。

香港蚊虫的现在和过去

东方朔的蚊虫谜语说：

长喙细身，昼亡夜存，嗜肉恶烟，为指掌所扪。

这谜语若以香港的蚊虫为对象，就未免有点不恰当。因为香港的蚊虫不仅白昼也出来咬人，它们简直是一年四季都在活动的。

今日香港虽然仍旧有不少蚊虫，但就蚊虫本身来说，已经成为强弩之末了。因为在早年的香港，蚊虫曾经是当年那些最初的殖民开拓者的最大敌人。黄泥涌道的山上是最初被当作理想住宅区的，可是山下水田里所滋生的蚊虫，使得住在那里的人多数直着走进屋去，却要横着被抬出来。后来赶紧将所有的水田和溪流填没（这就是今日跑马地的前身），但是今日快活谷里仍留着岛上最旧的坟场遗迹。赤柱原本是重要的驻军区，可是驻在黄麻角一带的军队的死亡率之高，使得当局赶紧将军营中心从赤柱搬到西环（这就是西营盘这名称的由来），然后又从西环搬到今日的玛丽兵房一带。但是你如到赤柱坟场去看看那些一八五〇年前后墓碑的题记，墓中人十九是当年驻防赤柱的兵士，就可以知道当年的死亡率之高。而这一切都是香港蚊虫的"成绩"。

甚至后来修筑水塘，并且已经有了对付疟疾的奎宁，可是无数工人仍成了疟疾的牺牲者。据说当年香港人有一种荒唐的迷信，认为吃了奎宁便会断种不能生子，因此，患疟疾的建筑水塘的泥工和石工，宁可挨着等死，也不肯吃老番的"发冷丸"。后来听说由一位姓马的医生，想出了折中办法，将奎宁粉掺和饭焦，搓成中式的药丸，骗他们说是中国药材制炼的药丸，他们才肯服用，这才遏止了疟疾的猖獗。

蚊虫不仅能传染疟疾，它们还能传播好几种其他的热症，又能将病菌从野兽的身上带到人类的身上。本来体内没有病菌的蚊虫，若是吸了病人的血液，也会在自己体内滋生病菌再传播开来。香港对于蚊虫的研究，总算是花了不少工夫的。有一种传播热病的蚊虫，甚至是用一位医官的名字来命名的。香港共有六七种蚊虫之多，有大有小。据说最可怕的是停下来尾尖向上翘的一种小蚊，它们是传播疟疾的，被称为"华南疟蚊"。

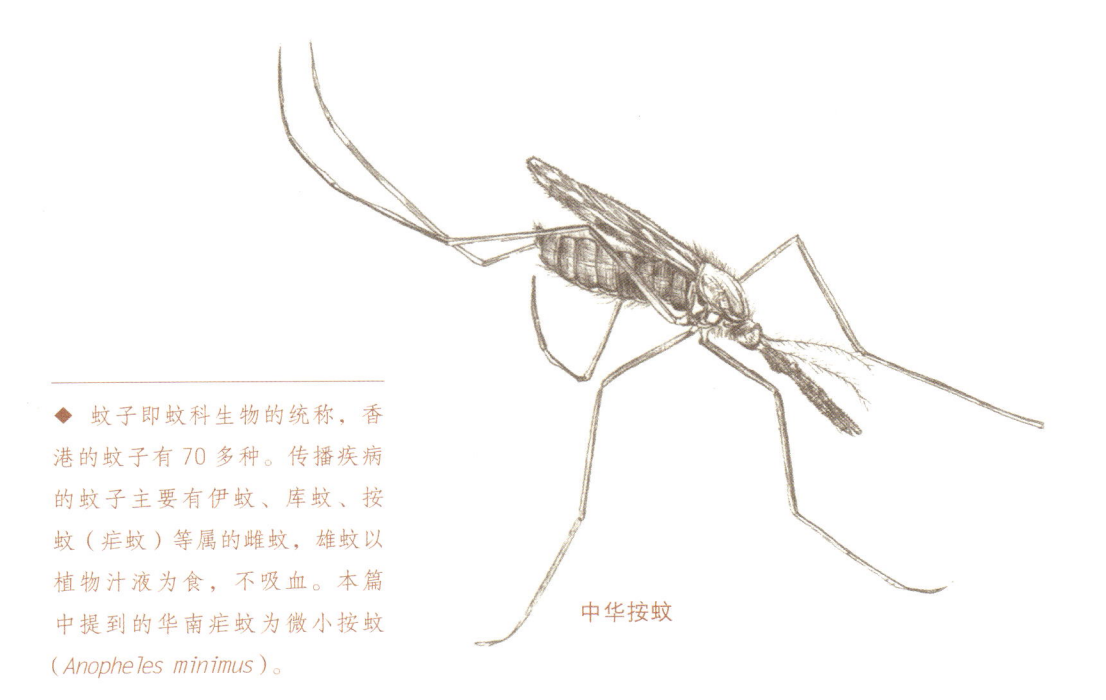

◆ 蚊子即蚊科生物的统称，香港的蚊子有70多种。传播疾病的蚊子主要有伊蚊、库蚊、按蚊（疟蚊）等属的雌蚊，雄蚊以植物汁液为食，不吸血。本篇中提到的华南疟蚊为微小按蚊（*Anopheles minimus*）。

中华按蚊

香港蚊虫的现在和过去

荔枝蝉，荔枝虫

又到了荔枝快上市的时候了。每逢荔枝上市的时候，广东就有一种小蝉，全身青绿色，在树上滋滋地长叫着。这种小蝉不一定栖在荔枝树上，就是别的树上也有，因为是同荔枝一齐上市的，所以呼为荔枝蝉。我们现在从树间所听到的音调尖狭，没有普通大蝉叫声那么宽大舒徐的，便是荔枝蝉的鸣声了。

这种小蝉，古名为螓，以别于普通的大蝉。大蝉俗称马蝉，就是古书上所说的蜩，小蝉则名为螓。《诗经·卫风》，"螓首蛾眉"，用来形容女性的漂亮。据批注《诗经》的人说："螓，雌蟟之小而绿色者，其额广而方，故《硕人》诗曰，螓首蛾眉，言硕人之美也。古之选女者，非特取其蛾描靡曼，必合之法相，所谓角犀丰盈。螓首者，即角犀丰盈之谓也。"

但我以为古代用"螓首"来形容女人额角天庭的广阔，而且认为漂亮，不仅是依据相法，可能还与当时流行的发式服饰有关。古代妇人所梳的双鬟，在额角左右高高地隆起两只圆角，那风致实在像是蝉头上突出的一对眼睛。这种情形，我们一看唐朝的土俑或汉墓砖画像中的舞俑乐伎的发式，就不难想象得出。

广东的荔枝树上，另有一种小虫，是荔枝的害虫，俗名石背。据说石背的背部坚硬如石，故名石背。这种小虫不是吃荔枝果而吃荔枝花。冬天产子在荔枝叶底下，荔枝开花的时候，石背也孵化出来，它们就以荔枝花蕊为食。吃了花蕊，荔枝便无法结实，所以是荔枝树的害虫。石背虫的溺沾染在花蒂上，一经雨水冲开，也能使全枝的花都萎谢，所以种荔枝的人见到石背便头痛。据说这种虫福建比广东更多。福建的荔枝比不上广东，也许是受了这种小虫的害处吧。除了石背之外，荔枝树上还有一种害虫，像是蜜蜂，全身黄色，名为黄虫，它最喜欢吃荔枝叶。吃了浓黑的荔枝叶就全身变绿，不是黄虫而是青虫了。

荔枝是要每年将多余的枝丫斩伐一批的，这样则使来年的荔枝结实更肥更密。这种砍除下来的荔枝树枝干，运到香港来卖，便是有名的荔枝柴，结实干燥耐燃，火力极强，敲起来清脆有声，是木柴中的上货。

荔枝蝽

◆ 荔枝蝉可能为蝉科的绿草蝉（*Mogannia hebes*），体形小，呈黄绿色。荔枝虫为荔蝽科的荔枝蝽（*Tessaratoma papillosa*），俗称臭屁虫，吸食植物汁液，主要危害荔枝、龙眼等植物。

荔枝蝉，荔枝虫

香港的马骝和骆驼

在香港见到马骝不难。从前新界沙田有座猴子林和马骝山，那里的马骝成群，可以结队出来遮道向人乞食。这盛况曾一度消失，近年又可以再见到了。此外我们从前又可以在较僻静的街道上偶尔见到走江湖的马骝戏，有的还附有绵羊和小黑狗。这是最雏形、最原始的中国杂技团，走遍整个中国随处都可以遇见的。他们都是山东人，两个人或三个人组成一班。以前在香港时常可以见到，但后来忽然说他们"虐畜"，一连拘控了几次，而且要递解出境，从此就少见了。前几年我还有机会又见到一班，不知从什么地方来的。他们称为猴戏团，猴子戴的面具和服装都很讲究。领班的牵着猴子一面打锣，一面口里唱着"来呀来，包龙图来到了开封府，夜断阴来日断阳"，猴子便戴起了黑面具和纱帽翻筋斗，使得孩子们看了欢喜得了不得。

他们都是山东帮。不知怎样，本地人却一向说他们是江西人，因此，遂有了"江西佬打死马骝"那句俗说。这是说人无法善后之意，真不知是从哪里胡缠出来的。

在香港见到马骝不难，可是要见到骆驼可真难了。我在这里住了这许多年，就从未见过，而且我怀疑香港炎热的气候是否适宜于那个温纯淳厚的善良动物。可是在香港历史上，据说却是有过一匹骆驼的。这是早年香港的一个掌故，我不敢保证它的真实性，只好姑妄听之，姑妄言之了。

这个骆驼的掌故是与今日登山缆车有关的。据说当缆车未敷设以前，山顶与山下的交通极为不便，山顶人迹罕至，因此景色也就特别幽静。有一位外国富商爱上了这气氛，便在山顶建筑了一座别墅，一个人过着寂静的、远离尘嚣的舒适生活。至于每天上下及传递日用物件之劳，他则饲养了一匹骆驼代步，谁也不知道这个南中国少见的大动物是从哪里得来的。这个富商这样过着离群独居的生活很久，直到一八八八年，山顶缆车建筑完成，正式通车，任何人都可以花费极少的时间来到山顶，欣赏山上优美的景色。那个富商觉得缆车通了以后，他的幽静生活被破坏了，这不啻是他的末日，于是便忿而离开了山顶，离开了香港。

这个掌故见香港一家西书店在战前出版的一册香港指南一类的小册子，编者是索尔比克。我不曾在任何其他关于香港的著作中见过相同的记载，因此无法查出他的根据，并且他也不曾写出这个怪僻富商的姓名，以及那匹骆驼的来历和后来的下落。但想到香港居然有过骆驼，这总算得是一个有趣的掌故。

猕猴

◆ 香港的马骝即猴科的猕猴（*Macaca mulatta*）。

海参的故事

参鲍翅肚,是四种主要的名贵海味,为酒家筵席上不可少的原料;就是一般人家请客,有时也要用到这几件东西,尤其在过新年和春节请客,必然也要预备这一类的海味。不过,在这方面,本地人和外江佬的风俗习尚则有一点不同。本地人对于筵席,以翅席为最上,一盆红烧大裙翅,仅是这一样菜的代价就要在百元以上;他们对于海参则是看在鲍鱼甚至鱼肚之下的。但在外江人眼中则不然,尤其在北方,他们看海参便比鱼翅名贵多了。最上等的筵席是用燕席,用燕窝银耳做主菜;其次便是海参,鱼翅反而是不重要的。就因为这原因,在本港开设的北方馆子所制的鱼翅,时常受到本地食家的冷言讥笑,认为不是"剑拔弩张",便是一塌糊涂。这诚然是事实,但说到海参,则北方馆子用大海碗装的红烧海参、虾圆海参,论滋味和火候,即使以广东人用海参制的"乌龙吐珠"名菜来比较,也不免甘拜下风了。

海参虽是中国人惯吃的海味,但像鱼翅鲍鱼一样,从前都是从国外输入的。其实山东烟台一带也有海参出产,不过产量不多,而且形体较小罢了。本地人看重的花白"猪婆参",北方人用惯的黑色大刺参,都是从日本、南洋、澳洲甚至墨西哥运来的。

我们见惯的海参,都是海味店里的海参干。很少人见过新鲜海参或活的海参。其实,本港海里也有海参出产,而且不少。在香港南部多礁石的海滨，如赤柱半岛等处，时常可以捉得到活海参。尤其在退潮的时候，它们大批留在浅水或岩石缝里。本港出产的是一种黑色小刺参，约五六寸长，晒干起来大约仅有一两寸而已。所谓刺，其实是海参的脚或吸盘而已。

海参是和海星、海胆一样的海中棘皮动物。中国旧时的方物志上名它为"沙噀"，为"戚车"，说它的形状类男阴，认为是补品。又说渔人钓海参时，要将男孩脱光了身体沉入海中，然后任海参一一吸在他的身上。这真是胡说。

其实，海参倒有一点奇怪的特点，为一般人所不知道的。这乃是它的骇人的古怪的自卫方法。海参身上没有武器，每逢海中其他生物向它进攻时，它便先缩紧了自己的身体，再将尾部收缩，然后突然一放，将自己的呼吸器官和腹内的若干器官一齐射出来。这些东西含有乳状的浆液，像是一棵小树，又像是一阵烟幕，将敌人吓退，然后海参便慢慢地走开，它并不要收回自己喷出来的腹内器官，它是随时可以重新再生一副出来的。试想，若是一个人一张口能够喷出他的心肝五脏，将敌人吓退，自己却掉头不顾而去，这将是一种怎样骇人而且有效的退敌武器。

海参

◆ 海参是海参纲棘皮动物的统称，香港约有 20 多种海参。

海参的故事

西洋菜

　　到香港来得不久的外江人，大都不认识西洋菜，而且也不会喜欢吃西洋菜，甚至不肯吃西洋菜。但是我奉劝不肯对西洋菜下箸的人不妨一试。且不说本地人对于它的医学效能所作的种种推崇，仅是将它当作一种普通的菜蔬来吃，也是值得一试的。不过，一个外江佬如果想对西洋菜有胃口，甚而进一步像本地人一样对它嗜食而有好感，看样子也要在这"天堂"熬上四五年才有这资格。

　　西洋菜有水旱两种，本港是用水种的居多，即种在五六寸深的水田内，任它蔓延，然后摘取较嫩的枝叶出售，割了之后它又可以继续生长。因此西洋菜在香港几乎是四时不断的，但最肥美的是从初冬到春末。

　　为了上好的"白骨西洋菜"要用水种，水田自然不免滋生蚊蚋，早几年就为了这个问题使得本港的菜农和卫生局一再发生交涉。卫生局为了扑灭市内的蚊虫，禁止九龙的菜农用水田种西洋菜，而菜农也因为衣食所关，并且历来都是用水田种植西洋菜的，自然不肯罢休。后来一再请愿和递呈文，总算将禁种的区域缩小了才告一段落。现在市上出售的西洋菜已经有许多是旱种的，但旱种的总不及水种的肥嫩。

　　西洋菜最好的吃法，是用瘦猪肉或鸭肾来炖汤，将西洋菜炖成黄黑色，然后连菜连汤一起吃。本港的小饮食店里有一味"西洋菜鲜陈肾汤"，是用鲜鸭肾和鸭肾干与西洋菜同炖，有的还要加上桂圆肉。那滋味实在不错。除了炖汤以外，西洋菜还可以用来生炒和滚汤。外国人也有用它来拌沙律的。就是在这冬天"打边炉"，也有人将西洋菜同生菜、茼蒿菜一起放在滚汤烫一烫就吃。

顾名思义，西洋菜是来自西洋的。本地人惯称葡萄牙为西洋，西洋菜虽非传自葡萄牙，但香港的西洋菜首先移植自澳门，则大约是事实。因为澳门在明末就已经为葡萄牙所占。九龙有一条西洋菜街，就因为那一带从前多是西洋菜田，现在则一天一天迁到市外远处去了。

有一个故事，说西洋菜是由一个患病的船员从一座无人的孤岛上移植来的。因为这个人患肺病，一人留在岛上，吃了这种野生的"水草"居然不死，后来便将它移植到澳门，所以名为西洋菜。这个故事恐怕只是"故事"而已。至少在英国乡下，久已有人用水田种植西洋菜，他们称之为"Watercress"，视为可供生吃的蔬菜之一。

西洋菜

◆ 西洋菜为十字花科的豆瓣菜（*Nasturtium officinale*），又名水田芥、豆瓣菜，喜生水中，常见于水沟边、山涧河边、沼泽地或水田中。

香港的野鸟

俗语说"天下乌鸦一般黑",可是鸟类学家告诉我们,世上的乌鸦有二十多种,就是香港这样弹丸之地,也有三种以上不同的乌鸦。但是对于一般人是无须知道这样精密的分类的,我们只要知道那种全身乌黑、叫起来"呱呱"讨人厌的东西是乌鸦就已经足够了。对于其他的鸟类,可说也是这样。

香港的野鸟,已经给鸟类学家记录过的,有二百三十多种,常见的则有二百种左右。若是再加上偶然路过香港的候鸟,据说总数会有二百八十五种。即使包括新界在内,香港的面积并不算大,能有这样多种类的野鸟,对于爱鸟者可说是一个乐园。

香港能有机会见到这么多种野鸟的原因,是由于香港在地理位置上所占的优势。因为除了常年栖息在本港区域内的鸟类以外,还有从中国大陆北方到香港来过冬的候鸟,它们在秋天南来,到了春天便迁回北方去。又有从南方菲律宾、马来半岛、印度、缅甸等处来港避暑的候鸟,它们到春天迁来,在香港过夏天,到了秋天又飞回南边去。此外还有秋季从北到南、春天从南到北的大批候鸟,它们万里长征,路过香港一带时,大都要停下来休息数日,补充粮食,然后再继续它们的旅程。因此在香港的秋天或春天,时常可以突然见到大批平日本港少见的鸟类,可是隔了一两天又会突然不见了,这些便是过境的旅客。同时,因了候鸟迁移的路线虽有一定,但南飞和北归的途径有时并不相间。在秋天经过香港飞往南方的候鸟,到了春天并不一定仍经过香港北上;相反地,秋天不曾经过这里的候鸟,到了春天北上时倒会在这里停下来休息,因此,这使得香港可能有机会见到的各种野鸟更多了。

香港的鸟类虽有二百多种,但我们平常抬头常见到的,除了天空的麻鹰和门前的麻雀以外,便要数到白头翁、高冠雀(一名高髻管)和俗名"红屎窟"的一种了。此外,在林木较盛的地方,也随时可以见到山伯劳和七姊妹。还有那黑黑的"猪屎渣",不过它喜欢平地,不喜欢高山,因此在香港的山上不大有机会能见到它们。

观察香港鸟类的理想地点,不在本港岛上而在新界。新界的屏山林村谷,以及通达粉岭的公路两旁和大帽山麓,都是观察野鸟最理想的地点。你若是爱好观察鸟类,又略具一点鸟类分类学的常识,并且手边带着一架望远镜,偷暇到上述的地点去盘桓一天,包你的记录簿上会满载而归。据说有人曾经在屏山一带一天见过六十九种不同野鸟。

二十世纪五十年代的香港新界林村

棕背伯劳

黑脸噪鹛

◆ 白头翁、高冠雀、红屎窟分别为鹎科的鸟类白头鹎（*Pycnonotus sinensis*）、红耳鹎（*P. jocosus*）、白喉红臀鹎（*P. aurigaster*）。山伯劳为伯劳科的棕背伯劳（*Lanius schach*）；七姊妹为画眉科的黑脸噪鹛（*Garrulax perspicillatus*）；猪屎渣为鸫科的鹊鸲（*Copsychus saularis*）。

白头鹎

红耳鹎

呢喃双燕

虽然从来不曾见过有人用笼子养着一只燕子，可是我们对燕子素来有好感，从不肯伤害它。就在香港这样的地方，搭木屋的人被控住霸王屋，在街边做生意的小贩被控阻街。可是就在堂堂的皇后大道上，燕子就在那家规模很大的百货公司屋檐下做巢，从不听见屋主向它收租，也不见有人将它们驱逐，可见大家对燕子的好感。其实，燕子从来就不怕人，而且它向来一视同仁，在雕梁画栋上结巢也在乡下人茅屋的檐下做巢。诗人说"旧时王谢堂前燕，飞入寻常百姓家"，好像很对他们的身世变迁表示感慨，其实是自作聪明。因为燕子今年在他家里做巢，完全出于自己的选择，从来不受势利观念支配的。

在香港所见到的燕子，和内地所见到的燕子一样，都是所谓东方种普通家燕。它们背上铁青色，黑头、白腹，颔下有一块橙黄色，尾巴分成两叉，飞起来非常迅速，能够贴近水面或地面两三寸突然掠过，像是一架在表演的喷射机。

除了普通家燕以外，在香港偶然也可以见到日本种的斑腹燕以及西伯利亚家燕。这两种都是路过这里的候鸟，它们在三四月间经过这里北上，会在香港停留下来一两天，然后再继续北上。日本斑腹燕是在中国齐鲁以上的沿海区域，以致我国东三省和日本本土结巢哺雏的，但西伯利亚家燕则要继续北飞西伯利亚区域才肯住下来。

香港的家燕,约在每年二月中旬就从南方飞来,停留在这里过夏天。然后从九月开始,又渐渐南迁,大约到十月底便全部离开香港。但有时在十一月里,也偶然会在香港见到一两只燕子,这大约是为了特别事故才延迟行期的。好像王尔德的那篇著名童话《幸福王子》里所描写的一段,为了照料一个生病的穷孩子,这只燕子便牺牲它的假期了。

燕子在二月中旬来到香港以后,便开始找地方结巢,有的修补去年的旧巢,有的另结新巢。在四月初就开始产卵,到了五月下半月,多数的燕子巢内已经有小燕子探出头来了。

燕子除了到地面上衔取泥土做筑巢的材料外,它们平时是从不肯歇到地上来的。因此燕子虽然飞行轻捷,可是走路却蹒跚难看,这是不大运用脚的结果。它们在飞行中捕捉飞虫,用嘴也不用脚。

燕子不会歌唱,它们在一起只是叽叽喳喳地叫。本地的捞家会说一种切音的隐语,彼此之间通消息,外人听不懂,他们就称这种隐语为"燕子话"。

家燕

◆ 本篇所指的是燕科的家燕(*Hirundo rustica*),在香港属于夏候鸟,喜欢在建筑物下筑巢,由雌雄鸟共同饲喂幼鸟。

禾虫和禾虫瘾

提到禾虫，对于广府人是无须什么解释的，因为多数人一定吃过禾虫，而且一定喜欢吃，提起禾虫就眉飞色舞。就是少数不吃禾虫的，也一定听惯了别人对于禾虫滋味的称赞。但是对于外江人，要想向他解释禾虫这东西就不容易，如想说服他尝一尝禾虫的味道那就更难，因为他一见了禾虫的形状也许就要作呕的。不过，在香港根本没有办法吃得到禾虫，因为禾虫在香港被认为形状丑恶而又不卫生，是像狗肉一样禁止出售的。

是的，将狗肉的嗜好比作禾虫的嗜好，也许有几分近似，但是事实上禾虫比狗肉更珍贵，因为它的出产有季节性，不是一年四季随地都有的，而且提到滋味，我想许多人也一定认为禾虫的滋味更好。广东人虽然嗜食狗肉，我还没有听见过有嗜狗上瘾者；可是对于禾虫，却有"禾虫瘾"这一名词，并且还有"禾虫过了恨唔返"这句成语。因为禾虫仅在早稻晚熟的时候才有，而且上市的时候不多，一过了造真是"搵都无处搵"的。因此爱吃禾虫的人，一到禾虫上市，就争取时间去过"禾虫瘾"，绝不肯执输，否则季节一过"恨都恨唔返"了。

所谓禾虫，是生在稻田水里的一种像蚯蚓一样的小虫，形状有如蚯蚓，颜色或青或红，蠕蠕而动，那样子实在不甚美观。广东人嗜食禾虫的历史，似乎已经很久了，因为明末广东大诗人屈翁山的《广东新语》，其中已经盛赞禾虫的滋味，并称乡下有禾虫阜，为地主恶霸争持侵夺的目标。他说：

> 夏暑雨，禾中蒸郁而生虫，或稻根腐而生虫，稻根色黄，禾虫者稻根所化，故色黄，大者如箸许，长至丈，节节有口，生青熟红黄。霜降前，禾熟则虫亦熟，以初一二及十五六，乘大潮断节而出，浮游田上，网取之，得醋则白浆自出。以白米泔滤过，蒸为膏，甘美益人，盖得稻之精华者也。其腌为脯作醢酱者，则贫者之食也。

禾虫阜，是指采集禾虫的地点：

> 江两岸其名曰阜，阜有主，争者辄讼，与缯门白蚬塘，皆土豪所私以为利者也。渔业有浮实。乘潮摄取，若桴艇往来，浮业也；缯门禾虫阜之类，实业也。广州边海诸邑，其渔而实业者，尽入豪家，利役贫民，而不佐公家之赋，所在皆然。

禾虫要吃新鲜的，但市上也有禾虫干出售，可以炖来吃；不过比新鲜的，滋味自然差得远了。

广东人吃禾虫最标准的食谱，是将用清水漂滤过的新鲜禾虫，放在碗里像调鸡蛋一样将它调成糊状，然后再加入鸡蛋同调。调至起泡并且虫蛋不分了，再加入切碎的大蒜头、榄角、胡椒粉、猪油等，一同放在饭锅上或隔水去蒸，蒸熟了就可以吃。吃的时候，有人还要加上柠檬叶丝、花生碎等，借以增加香味。据说，蒸禾虫最要多用大蒜头，否则吃了容易肚痛。香港从前本来是不禁止卖禾虫的，后来因为到医院里医肚痛的人多数都是说吃了禾虫的，因此港英当局就认为禾虫不洁，从此禁止贩卖。可是广东人却认为禾虫产自禾田，是米稻的精华，虽然其形不雅，本身却非常干净；并且富于维他命 B，是医脚气病的良药。所以，一到每年早晚两造禾稻将成之际，南、番、顺各地有禾虫瘾的人，无不把握时机，吃一个痛快的。

禾虫的价钱并不便宜，因为不仅上市的时间短，就是产地也有限制，并非所有的稻田都出禾虫的。上海和北方的稻田固然没有，就是新界一带的稻田也没有，它乃是南海番禺一带乡下的特产。禾虫初上市时，从中山经过澳门运到香港的走私货，在横街小巷掩掩藏藏地出售时，每斤要索价两三元哩。可是在广州，卖禾虫的却用浅水盆挑了沿街叫卖。

禾虫是广东地道的风物，不仅有口皆碑，而且有诗为证。广东乡土诗人咏禾虫的很多。南海黄廷彪《惜阴轩吟草》卷二《见食禾虫有感》七律云：

> 一截一截又一截，生于田陇长于禾。秋风鲈鲙寻常美，暑月鲥鱼亦逊他。庖制味甘真上品，调来火候贵中和。五候佳馔何曾识，让与农家鼓腹歌。

所谓"一截一截又一截"者，俗传禾虫自稻根乘潮水初涨浮出时，随出随断，所以长短不一，因此俗有"禾虫命"的谚语。因为每一条禾虫的长短，都没有一定，断得长就长，断得短即短也。

顺德诗人张锦芳，他的逃虚阁诗，其中也有一首咏禾虫的七古，刻画颇为精到，佳句有云：

> 沮洳何自孕异种，窍示蚯蚓尤深扃。水田蓄滋陆田少，于众生内为湿生。年年首夏及秋仲，嘉禾未熟浆先成。潜藏有时出有节，朔望潮长连鸥汀。……蜿蜒陇底尺有咫，出辄寸断无全形。涌波微带石菅绿，映日又类鱼尾赬……

对于禾虫的形色和它乘潮断续而出的特性，这几句诗可说描写得非常扼要。至于所谓"嘉禾未熟浆先成"，是说禾虫的美味全在它体内的浆液。所以市上虽有禾虫干出售，但因为失去浆液，因此也就远逊新鲜的禾虫了。

禾虫

◆ 禾虫是疣吻沙蚕（*Tylorrhynchus heterochaeta*）的俗称，属于沙蚕科，秋季多于水稻田取食水稻根部，故名禾虫，主要分布在珠江三角洲。

姜之种种

对于姜的重视，全中国没有一处地方能比得上广东，而事实上广东所出产的姜，又肥又嫩，也不是任何其他地方所能比得上的。广东姜自古就已有名，称之为粤姜。古史称妺喜嗜珍味，食必南海之姜，可见南方出产的姜驰名已久。广东产姜最多的地方是新兴一带，有山姜和田姜之分。田姜比山姜更肥嫩，所以有"在田姜多腴，在山姜多辣"的俗谚。夏天姜上市时，块块肥大如手掌，尖上带着燕脂色的嫩芽，无论用来煮仁面，或是炒鸭片，甚或用糖醋制成酸姜，滋味爽口，开胃提神，绝不是在别处地方所能吃得到的。

广东的产妇要吃甘醋煮姜，也是别处所没有的风俗。产妇一生产后便要吃醋煮的姜，有时还要加入猪脚和鸡蛋，煮成一大煲一大煲地来吃；不仅自己吃，还要分赠亲友。香港的几家公立产科医院是向来不许产妇产后吃姜醋的，但是本地人向来相信姜醋对于产妇的作用很大，不仅有滋补收敛的功能，而且能去淤血，往往掩掩藏藏地送到医院里给产妇去吃，时常为了这问题同女护士争吵冲突起来，可说是香港特有的一种现象。

因为养了孩子要吃姜，所以本地人孩子弥月请客，不曰汤饼之会而称姜酌，于是清明回家拜山乘便养儿子，也就称为"种姜"了。甚至煮姜的醋也称为"添丁甜醋"。

《广东新语》记粤中产妇吃姜醋的风俗道：

> 粤俗，凡妇娠，先以老醋煮姜，或以蔗糖芝麻煮，以坛贮之。既产，则以姜醋荐祖饷亲戚。妇之外家亦或以姜酒来助，名曰姜酒之会。故问人生子，辄曰姜酒香未？姜中多母姜则香，多子姜则否。陈白沙有诗：隔舍风吹姜酒香。

广东姜有多种，有野生的猴姜，有黄姜，出在番禺。将黄姜磨成粉，可以作制造线香的原料，又可以用来染龙眼。黄姜粉可以防蠹，我们平日所吃的桂圆（即龙眼干），壳上黄黄的颜色，便是用黄姜粉染的。本地人有时甚至用它来掺和别种香料，冒充咖喱粉。

另有一种高良姜，一名红豆蔻，所开的花，比普通姜花更美丽，一穗一穗地垂下来，白中带粉红，像是一串串的"番鬼葡萄"。

用子姜加工腌制成的糖姜，是香港有名的特产之一。香港人自己虽不常吃它，可是外国人却非常爱吃，因此成为香港主要的一种出口货。糖姜原本是普通的凉果，旧时都是由内地的酱园和凉果厂就地制造的。自从在国外有了市场以后，为了适合外销的种种限制条件，香港才渐渐成为糖姜业的制造中心，但原料仍要仰给于内地。在战前糖姜外销的全盛时代，每年要采用生姜六七万担，全年的数字达千余万元之巨。但近年糖姜已经走下坡了，原因是美国禁止进口，英国人的购买力薄弱，香港糖姜出口商虽然努力在欧洲大陆比利时、荷兰等国开拓新市场，但营业额仅得往年的两三成了。

英国人非常爱食糖姜，他们是香港糖姜的最大主顾。据说自维多利亚女王以来，英国皇室和贵族中人就一向是糖姜的爱好者。不过，糖姜虽是香港的出品，但原料必定要采用广东北江和西江一带出产的子姜，然后始够肥嫩，而且咬起来没有丝纽。香港曾经有一时期想自己种植田姜，在新界花了许多钱试种，结果成绩非常不好，后来只好放弃了。

香港人自己虽很少吃糖姜，但其实这是在中国行之已久的一种小吃，古称蜜姜。曾经驻锡新界青山的六朝名僧杯渡禅师，当时就已经嗜食蜜姜。《高僧传》云：

> 南州陈家颇有衣食，杯渡住其家，甚见迎奉，陈设一盒蜜姜，及刀子薰陆香等伺渡，渡即食蜜姜都尽。

除了蜜姜之外，古时还有糟姜。方回诗云"糟姜三盏酒，柏烛一瓯茶"，想是下酒妙品，可惜现在不见通行了。

香港人虽不喜食糖姜，却喜欢吃酸姜。酸姜也是要用嫩的子姜制成的。这是价廉物美的大众食品，在夏天子姜上市的时候，几乎通街都是。现在虽然物价贵，但一毫子仍可以买到几块，不比糖姜——一经装到假古董的瓷坛子里以后，就显得高不可攀的样子。

因了酸姜是大众食品，街边卖酸姜的总是用竹签一块一块地戳着，以便顾客随时选购，看中了哪一块便戳起来往嘴里一送，随手就抛掉了竹签。因了这举动既普遍而又别致，于是遂出现了"酸姜竹"这句俗话。这是指专门玩弄女性的都市下流男子的，其用意相当于上海人所谓"牙签大少"。

本地人将生姜应用在俗话上的，还有一句"酸姜荞"，这是歇后语。"当心你的酸姜荞"就是当心你的头。另有一句是"本地姜唔辣"，这是瞧不起自己人或本地出产品之意。不过，香港人不吃本地的名产糖姜，却并非因为本地姜唔辣，而是因为这种"本地姜"太甜又太贵也。

◆ 本篇提到的生姜是多年生草本植物姜科姜属植物姜（*Zingiber officinale*）的新鲜根茎。高良姜（*Alpinia officinarum*）属于姜科山姜属；黄姜指的是姜科姜黄属的植物姜黄（*Curcuma longa*）。

多种多样的姜

高良姜

闽粤荔枝之争

古今诗人咏荔枝的诗，无虑千千万万，但我觉得写得最风趣的，终要算苏东坡《食荔枝》的那首七绝。美中不足的是他的立场是外江佬而不是本地人而已。诗云：

罗浮山下四时春，卢橘杨梅次第新。日啖荔枝三百颗，不辞长作岭南人。

荔枝是广东的特产，当然以本地出产的最有名。可是从前福建人对于荔品的高低，一向有点争执，认为福建的荔枝比广东好。著名的蔡君谟的《荔枝谱》，便说天下的荔枝，以闽中为第一，蜀州次之，岭南为下。他说广南所产的荔枝，早熟而肉薄，味甘酸，连福建中下等的也比不上。蔡君谟和苏东坡同是宋朝人，一个为了吃荔枝宁愿贬官做广东人，一个却根本瞧不起广东荔枝，说连比四川的都比不上。这种不同的评价，若不是口味嗜好不同，便不免是近视眼看匾，难怪屈大均忿忿地说：

以予论之，粤中所产挂绿，斯其最矣。福州佳者，尚未敌岭南之黑叶，而蔡君谟谱乃云，广南州郡所出精好者，仅比东闽之下等，是亦乡曲之论也。

这种争执的由来，我以为大约由于广东和福建都出产荔枝，但是从前交通不便，荔枝本身采下来又容易变味腐烂，大家都没有机会尝到别处出产的新鲜荔枝，自然总以为自己家乡出产的最好，因为至少总新鲜得多了。至于福建与广东的荔枝，究竟哪一省出产的最好，则我根本没有吃过福建的荔枝，也没有机会见过"挂绿"，所以，根本没有沦列的资格。我的口味倒与苏东坡相仿佛，只要有荔枝可吃，就是家乡也可以置之脑后了。

香港最早上市的荔枝，多数是所谓玉荷包。这种早出的荔枝，本地人吃的不多，光顾的多是外江佬，尤其是新来的外江佬，吃得津津有味，以为这就是广东有名的荔枝了，本地人却站在一旁窃笑。其实这也难怪。因为"北方"根本不出荔枝，生平所见所吃的荔枝，若不是荔枝干，便是罐头荔枝，现在一旦有机会吃到成枝的新鲜荔枝，自然精粗不计了。

从前外省人不仅没有机会吃到广东的新鲜荔枝，就是见过荔枝树的人也很少，因此，《尔雅》和《果木志》之类的书上所附的插绘，总是将荔枝树画得光怪陆离，简直不知所谓。就是一般外省画家所画的荔枝图，造形敷色，也与实物相差很远，最好的也只能画出一颗颗紫黑色的"荔枝干"而已。今犹如此，这也难怪蔡君谟等对于闽粤荔枝的品第发生争执了。

荔枝

◆ 荔枝（*Litchi chinensis*）为无患子科植物，原产于中国南部，甘甜味美，但含果糖量高，不宜大量食用。

竹和笋

我喜欢看竹，也喜欢吃笋。

岭南的竹，虽然种类多，而且用途也大，可是在观赏上，却远不及江南的竹。要想看到像西湖灵隐韬光那样万竿修竹、琳琅幽翠的风景，住在香港多年未曾回到家乡去的人，只有向梦寐中寻求。至于说到笋，在这春天，固然在街市上见不到竹笋、鸡嘴笋、尖尖的春笋，就是上海店里卖的冬笋，也是从福建来的。市上长年所卖的，尽是那种大而无当、终日泡在水里、带着一种那话儿味道的酸毛笋。岭南的笋味苦，屈大均在《广东新语》里就早已说过。他说：

> 岭南笋不如江浙，以其地火房少霜雪，火炎上，故笋味多苦。盖竹冬生之草，生于冬体，得一阳初复之气，其时火足于地中，雷以火足而动，故竹以火足而萌。萌得火气之先，故味苦。其稍甜者，唯油筒竹笋名龙芽，及甜竹、笙竹、猫竹、筋竹、簩竹五种笋耳。凡竹有雌雄，第一节岐枝者雌，雌者多笋，是曰孕笋。有思摩竹，甚高大，笋生于节，笋成竹已及春，笋复生节。节之笋七，根之笋三，节节有笋，期年遂成大丛，然其笋绝不可食。

竹的形态，普通可以分成两种，一种是逐秆单生的，一种是丛生的。香港所见到的竹，多数是后一种，几十秆甚至几百秆丛生在一起，不要说不能成林，就是清风也不易穿得过，因此，在香港是无法"日暮倚修竹"的，何况有些竹的秆上还生着刺。

这种丛生在一起的竹，本地人称为青皮竹，竹节的距离很长，竹秆很细，可以种在一起替代墙篱；更有一种名山单竹，秆细，叶子特别密茂，也是一丛生在一起，看起来像是一棵细叶的棕榈树。

竹不仅会开花，也能结籽，但一般人向来迷信"竹树开花"是一种不吉的预兆。竹子是像稻穗一样的，成熟后也可以种到土里，不过很难发芽。一般种竹的方法多是插枝，但更方便的方法是连根掘起来移植，因为这样立刻就可以得到已经长成的竹丛。种竹是应该在雨天的。农书上说"种竹无期，雨过便移"，本地人也说"正月竹，二月木"，也是因为春天雨水多的缘故。

岭南的竹，经济价值很大，从前广州岭南大学农场就有实验竹园，专门种植各种的竹，以供改良试验用途。农民和渔民的主要工具都是用竹编制成的，尤其是撑船所用的竹篙，要瘦长而有弹力，这是用水竹制成的，也是岭南的特产。广东又出产一种细竹，是钓鱼用的最理想的钓竿，每年输出国外很多。

青皮竹

竹笋

◆ 竹子为禾本科竹亚科竹族植物的统称，主要分布在亚太地区。青皮竹（*Bambusa textilis*）属于禾本科簕竹属，山单竹可能为同属的粉单竹（*Bambusa chungii*）。

琵琶鱼 —— 魔鬼鱼

琵琶鱼，因了它的双鳍特别发达，看起来好像一只展开双翅的大鹰，因此古称鹞鱼。渔人则称它们为鲾鱼，俗称琵琶鱼。又因了它的大小和身上的特点不同，本地渔人对它又有许多古怪的俗称，如花点、黄鲾、长鹰、黑肉长鹰和红嘴鹰，等等。

这是热带海中出产的一种怪鱼。小的仅有一两尺阔，但大的却可以阔至四五丈。西印度群岛海中出产一种大琵琶鱼，西人称为"魔鬼鱼"。每一条可以重至四吨，它们能挺直了双鳍，凭空跳出水面，然后再"啪"的一声落下来，用它们那几吨重几丈阔扁成一片的身体打着海面，发出大炮一样的砰然巨响，使人听了惊心动魄。难怪从前的渔人见了它便害怕，称它们为魔鬼鱼。

香港海面时常有魔鬼鱼出现，岛南的赤柱一带海面尤多，有时甚至会从鲤鱼门游进中环海面。这里所见到的魔鬼鱼，虽没有西印度群岛出产的那样大，但通常也有四五尺阔乃至丈余阔，它们成群地互相追逐，跳出水面，然后拍着海水噼啪的巨响，使渔人和艇家见了极为害怕。俗传这种鱼能吃人，其实是不会的。它们身体虽然大，但是嘴小，而且牙齿不发达，仅能吞食小鱼虾。

被称为花点和黄鲾的琵琶鱼，它们除了形状古怪之外，还生着一条像马鞭一样的长尾，可以长至五六尺。尾根和鱼身衔接处又生着一排巨刺。这种刺形如锯齿，极为锋利，并且刺尖能排泄毒液，若是不慎给它刺了一下，伤口会发炎，极为肿痛，甚至致死。所以本港渔人捉到花点以后，总是先赶紧割下它的尾刺抛入海中，以防发生意外。

在大埔和赤柱的鱼市场上，时常有机会可以看见到大琵琶鱼。我在赤柱曾见过一条，是渔船从海外拖回来的，据说身阔一丈七尺，厚二尺半，尾长五尺半，重一千五百磅。这是一条鱼姆，肚里剖开来还有三条小琵琶鱼，每条已经有两尺阔，七磅重。

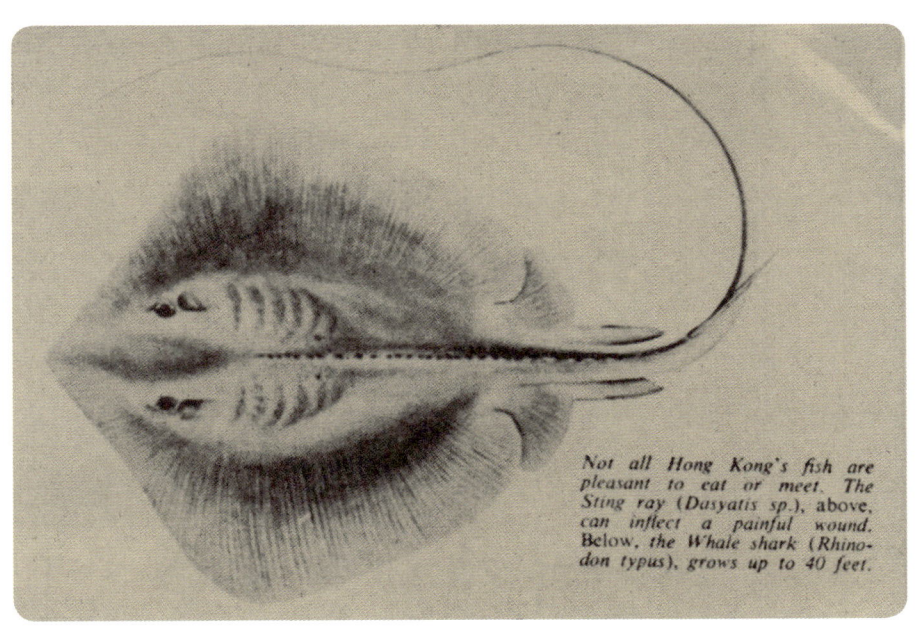

魔鬼鱼（一九六七年《香港年报》）

◆ 有几类鱼都被称为魔鬼鱼，本篇指的是魟科的鱼，香港常见的是黄土魟（*Dasyatis bennettii*），又称黄鯆。魟科的鱼尾部有剧毒的棘刺，被刺伤轻则疼痛，重则致命。

香港的蝴蝶

蝴蝶是香港的名产之一。香港的蝴蝶在世界自然科学史上所占的地位，也许比香港商业在世界商业史上所占的地位更为重要。

据有名的寇沙氏的《香港与东南中国的蝴蝶》（英文本）一书的目录所载，香港出产的蝴蝶，已经著录的有一百四十二种之多。为了使读者明了这个数字在蝴蝶种类上所占的比数的庞大，我们不妨将英伦三岛所出产的蝴蝶数字来对比一下。据说，英伦三岛所出产的蝴蝶，全部仅有六十八种，其中还有十一种是由欧洲大陆飞往别地暂时过境停留的。以香港面积之小，却有一百四十二种，这确是可以值得夸耀的。

香港有一个地方名叫蝴蝶谷。顾名思义，这地方当然以多蝴蝶著名。其实，除了蝴蝶谷以外，香港各处的山坳，如大学堂一带、旭和道以下，以及宝珊道一带，都是近市区而最多蝴蝶的地方。此外如沿薄扶林道而至玛丽医院，凡是草木茂盛而又少风的地方，都是蝴蝶喜欢逗留的地点。离岛如大屿山舶寮洲，也盛产蝴蝶。不过，在香港如要看蝴蝶，当然最好还是到蝴蝶谷去。

蝴蝶谷原在九龙荔枝角的背后。以前乘青山道的巴士下车后，经路旁的小路向北沿山进行，就可以到达。这是港九学生时常集体旅行野餐的地点，也是观察和搜集蝴蝶标本最理想的地方。从前这个山谷的林木很密茂，尤多小松树和一种土名为"鸭脚树"的矮树，是蝴蝶蛹最喜欢栖息的植物，因此一旦孵化出来，就构成整千整万蝴蝶绕树纷飞的奇景。这种蝴蝶以黄翅的粉蝶居多，所以看来一片金黄，使蝴蝶谷享了盛名。可惜近年拓展郊区、滥伐树木，使得蝴蝶谷名存实亡，难复旧观了。

各种蝴蝶的孵化时间早迟不同，旧时即使冬天到蝴蝶谷去，也有机会见到"蝴蝶阵"，其他草木茂盛而无风的山谷也是这样。不过，当然比不上春天那样多。

有些蝴蝶的生活活动范围很有限定，因此有几种在香港山顶上常见的小蝴蝶，在半山区以下就不易见到。山下最常见的大型燕尾蝶，也不大喜欢飞到一千尺以上的高处去。

香港的蝴蝶

◆ 香港约有 250 种蝴蝶，本篇描述的蝴蝶谷现象是斑蝶科蝴蝶特有的，冬季聚集成大群在温暖的山谷过冬，一路往南迁徙。在香港聚集的为紫斑蝶属的蝴蝶。

蝴蝶谷

朝生暮死的蜉蝣

初夏的傍晚，从敞开的窗口时常会飞进一种小蜻蜓似的飞虫，它的身体、翅膀、头角几乎完全同蜻蜓一样，全身褐黄色，所不同者只是尾尖拖着三根长长的细须。这种被外国人称为"五月之蝇"的小生物，就是我们古人著作中一再提到的蜉蝣。

《诗经·曹风》："蜉蝣之羽，衣裳楚楚；蜉蝣之翼，采采衣服。"《淮南子》："蚕食而不饮，二十二日而化；蝉饮而不食，三十日而蜕；蜉蝣不食不饮，三日而死。"又说："鹤寿千岁，以极其游，蜉蝣朝生而暮死，尽其乐，盖其旦暮为期，远不过三日尔。"

古人对于蜉蝣，虽能把握到它不饮不食朝生暮死的特性，可是向来注疏《毛诗》和《尔雅》的许多格物家，包括朱熹老子在内，一提到它的形状，便像广东人所说的"搞唔掂"。有的说它形似天牛而小，有甲角，出粪土中。有的说它似甲虫有角，大如指，长三四寸。有的说它似蛣蜣而小，身狭而长，有角，黄黑色，下有翅能飞，夏天雨后发生粪土中……说来说去，都将它当作是一种甲虫。只有《本草纲目》的著者李时珍说得最好，因为他除了引述上列那一类的一贯陈说之后，突然附加了一笔：

或曰，蜉蝣水虫也，状似蚕蛾，朝生暮死。

蜉蝣的形状虽与蚕蛾仍有若干距离，但蚕蛾似蝴蝶，蝴蝶和蜻蜓到底是相近的东西，而且知道它是水虫，总算已经搔着痒处了。

蜉蝣的生活史非常有趣，古人说它不饮不食，朝生暮死。这已经将它说得太长命了。事实上是，蜉蝣的生命仅有几小时。然而在这几小时内，要经过两次蜕壳，练习飞行、恋爱、交尾、产卵，非常忙碌。生命过程虽短，却十分充实。

蜉蝣的幼虫在水中孵化以后，要在水中继续生活一年至三年之久，始达成熟阶段，然后爬到水面的草上，蜕壳变成蜉蝣。经过第一次蜕壳之后，接着又蜕第二次的壳，始能展翅高飞，于是就寻配偶，交尾产卵。这一切都在几小时内完成，完成后就疲倦地停下来死亡。因了口腔不发达，在这花费了两三年准备工作的几小时生命中，忙忙碌碌，完全不饮不食。

香港出产的蜉蝣，据已经研究过的共有四种，两种尾上是三根须的；其余两种仅有两根；有一种的尾须最长，比它的身体长达三倍。

蜉蝣

◆ 昆虫纲蜉蝣目的昆虫统称蜉蝣，是最原始的有翅昆虫，腹部末端有很长的尾须。稚虫生活在洁净的淡水里，可存活1～3年，成虫只有几小时到几天的寿命。

毒蛇的鉴别

香港境内出产的蛇，已经著录者，共有二十九种。这里面包括三种水蛇，都是无毒的淡水蛇，它们的形状与陆地的蛇并没有什么分别。另外海里有两种咸水蛇，则是有毒的，被称为海蛇。海蛇的特征是尾部扁平，略作鳍状。它们的毒，可以比得上眼镜蛇，但是非经十二分的挑拨，它们是不咬人的。

陆地蛇类之中，竟有六种是有毒的，这等于在香港所出产或所遇到的蛇之中，每五条即有一条是毒蛇了。但是事实上并非如此。因为香港所出产的蛇，最常见的共有三种，它们都是没有毒的。其中如过树榕和水律，它们以老鼠为主要食料，消灭老鼠的效能比猫还要高，可说对于人类是有益的。

香港所出产的六种陆地毒蛇是：银脚带、金脚带、过山风、饭铲头、青竹蛇和珊瑚蛇。这六种毒蛇在香港都不算是常见的，其中最毒的银脚带更为少见。珊瑚蛇更是绝无仅有，只有饭铲头和青竹蛇在六种之中比较多一点，但它们的毒都不能令人致命。

蛇的有毒无毒，是根据它的嘴里有无毒腺来断定。有毒腺的蛇，嘴里便有两只特别尖长的毒牙，牙尖有小孔，贯通毒腺，咬人时从牙尖的小孔将毒液注入伤口。所以被蛇咬过的伤口，若是发现有两个相距不远的小孔，比其他的蛇牙所留下的伤痕为明显，这一条蛇定是毒蛇。若是没有毒牙，这条蛇就不是毒蛇。

香港常见的蛇多数不是毒蛇，而且最毒的银脚带又是难得遇见的，所以，香港的蛇患远不如一般人想象中的那么严重。但是香港到底是有毒蛇的，并且夏天又是蛇类最活动的季节，因此，香港有一本《香港蛇类有毒与无毒者鉴别图说》，说明鉴别毒蛇的方法，以及被蛇咬了的初步救急手续。这种图解教人鉴别毒蛇的方法，是根据蛇身鳞片的数目和位置，如某一处的鳞片特别大，或某一处有特殊标记者，即是毒蛇，否则就不是。这个方法虽然可靠，但只适用于观察死蛇或研究蛇类之用，若是一般人猝然遇见一条蛇，或是不意被蛇咬了一口，这时再去数它头上或背上的鳞片，实在没有这镇静本领，而且事实上也不可能。

所以对付蛇的最好办法是，无论有毒无毒，都不去惹它，若是不慎被蛇咬了，赶快去找医生。并且最好把这条蛇捉到，因为这时正需要知道它是否是毒蛇。而且抗蛇毒的血清，最特效的是分类的，某一种血清仅对某一种蛇毒有特效。

◆ 本篇提到的海蛇为海蛇科的毒蛇（以前被分在眼镜蛇科）——香港有六种海蛇，都是剧毒的种类。此外，本篇提到的另外五种毒蛇——银脚带、金脚带、饭铲头、过山风、珊瑚蛇则都是眼镜蛇科的，分别指的是银环蛇（*Bungarus multicinctus*）、金环蛇（*Bungarus fasciatus*）、中国眼镜蛇（*Naja atra*）、眼镜王蛇（*Ophiophagus hannah*）、丽纹蛇（*Calliophis macclellandi*）。

舟山眼镜蛇

夏天的毒蛇

夏天是蛇类活动的季节，尤其是在夜晚。因此一到夏季，报上就时常有居民在睡梦中被蛇咬伤的新闻。这是因为多数的蛇都怕光，在白昼是不活动的，可是一到黑夜，它们就四处觅食。蛇的主要食料是老鼠和青蛙，它们为了追捕老鼠，时常从外面爬入人家。人在睡梦中给蛇惊醒了，不免慌张起来。蛇为了自卫起见，就在这样纷扰之中咬一口逃走，这就是为什么有人时常会在夏夜给蛇咬伤的原因。

夏季走入人家的蛇，多数是饭铲头。这是港产的毒蛇之一，是属于眼镜蛇科的，它们受了刺激或是兴奋起来，就表现眼镜蛇的特征，将两腮鼓出，那样子就像一只盛饭的大汤匙，所以俗称为饭铲头。它全身是黑色，乌油油地发光，所以又称为乌肉蛇。这种蛇在香港很多，所幸它非经十分挑拨，轻易不肯咬人，同时也不会很长，最长的不过四尺。

香港出产的陆地毒蛇，共有六种。最毒的是银脚带，它的全身黑白相间，象是从前人用来扎裤脚的脚带，所以称为银脚带，但也有人叫它为银角带；有一种全身黄黑相间，称为金脚带；还有两种是前面刚提起过的饭铲头，以及一种行动极速的过山风。过山风又名过山冤，因为这种毒蛇行动迅速，而且有些长得很长，外国人称它为"眼镜蛇王"，在山里遇见了它可要倒霉，所以俗名过山冤；第五种毒蛇是一种青色的小蛇，即青竹蛇，这种小蛇最喜咬人，因为它全身青绿色，又喜欢躲在树枝和草丛里，不易被人发现，谁碰到它往往就会遭它的暗算，所以，香港时常有青竹蛇咬伤刈草妇人的新闻；第六种毒蛇是红色的珊瑚蛇（并非江浙人所说的火赤练），这种蛇虽然是毒蛇，但因为它的眼上有鳞片遮着，视觉不发达，而且在香港极少见，仅栖息在山顶上，难得被人遇见，所以并不可怕。香港大学的生物学系在战前曾公开征求珊瑚蛇的标本，找了许久都没有结果，可见它的稀少。

香港陆地上除了上述六种毒蛇外，其余都是没有毒牙的。这六种毒蛇之中，最毒的是银脚带，其次是过山风和饭铲头。据实验的结果，银脚带的毒比一般眼镜蛇要毒两倍，比金脚带更毒过二十八倍。因此不慎给银脚带咬了，若是不能及时注射抗蛇毒的血清，多数是要送命的。所幸银脚带在香港并不多见。

香港附近的海中还有两种咸水海蛇，也是有毒的，其毒不下于眼镜蛇。海蛇的特征是尾部扁平，略作鳍状，它们也是到了夏天就在海里出没的，所以夏天作海水浴的人要特别小心。

丽纹蛇（珊瑚蛇）

◆ 如今香港的蛇类有 52 种，其中毒蛇约有 16 种。

蛇王林看劏蛇

人类多数是怕蛇的。民俗学家说这是一种生物的遗传，因为在原始时代，蛇是人类最难对付的敌人之一。可是外国的宗教学家却说，人类怕蛇，是因为蛇引诱了人的始祖亚当、夏娃犯罪，上帝便咒诅它，使人类终生与蛇为敌。我以为不论是生物学的原因也好，宗教学的原因也好，广东人对于人类怕蛇的心理，总算作了最有力的祛除。他们不仅不怕蛇，而且毫不客气地将它吃进肚子里去。就在香港也是这样，只要天气一冷，街上就可以见到"秋风起矣，三蛇肥矣"的广告。因此，我奉劝怕蛇的外江佬，不妨乘这机会，到上环苏杭街的蛇王林一行（就在中央戏院斜对面的那条横街上），看看店里伙计们劏蛇取胆的那种熟练手法，简直比扑苍蝇还要容易，大可以给怕蛇的人出一口鸟气。

考究吃蛇胆的人，一定要吃生劏的，而且是成副的。一副三蛇胆，像三蛇羹一样，是用金脚带、饭铲头、过树榕三种蛇构成的，所以一吃就是三颗蛇胆。在秋冬之交的时候，你若是到香港的蛇店里去，随时可以看到有许多吃蛇胆的顾客等在那里，其中多数是来自香港仔和筲箕湾的船妇，她们终年生活在水上，最相信蛇胆有补身驱风去湿的效能。不过蛇胆价钱并不便宜，大约要花二三十元，才可以吃到一副三蛇胆。若是仅吃一颗，价钱当然较便宜。

蛇店伙计生取蛇胆的手法真是值得一看的：他好像眼睛看也不看似的，随手从满装着蛇的布袋里捉出一条金脚带（这种蛇身上一节黑一节黄，如旧时缚裤脚的布带，故名金脚带），用左手的拇指和中指箍紧蛇头，将蛇尾踏在脚下或夹在胁下，用右手在蛇腹上下摸索，很快地就能确定蛇胆的所在，然后用小刀在蛇腹上割开一寸阔的一个小口，用手一挤就将蛇胆挤了出来。蛇胆很小，大约像一粒花生米那样，颜色是殷碧的，因此，看来很像是一粒椭圆的宝石。伙计随手将蛇胆摘下来放在桌上的碗边上，碗里有酒，这时吃蛇胆的顾客就可以将生割的蛇胆放在舌上，喝一口酒送下去；或者事先将它捣破了和在酒里，那就是蛇胆酒了，酒染上了胆汁，颜色是碧绿的。

伙计割开蛇腹取胆，手法敏捷准确，破了的蛇胆便不值钱。蛇被割了胆以后就塞进另一只布袋里，它仍可以生活，据说至少还可以活十几天。取了胆的蛇多数卖给酒家去做蛇羹。一条没有胆的蛇，价钱仅值原来的一半，因此，老饕们也就可以不用花多少钱就可以吃到一碗三蛇羹了。

三蛇大会的三蛇，普通是用金脚带、饭铲头和过树榕构成的。三条蛇谓之一副，若是再加上三索线和百花蛇，便成为更贵重的五蛇羹了。大酒家出售的蛇羹很贵，这是由于配料贵和自高身价，其实蛇肉本身的市价是很便宜的。酒家所出售的蛇肉的来源很少是自己劏的，多数购自蛇店，这就是前面已经说过的那些生割了胆的无胆蛇的出路了。

在蛇店里看伙计劏蛇，那样子比看生取蛇胆更有趣，手法的准确爽利，恰如庄子所说的庖丁解牛，一举一动，无不中肯。他从布袋里随手拖出一条蛇，左手两根手指钩紧了蛇头，右手用一柄锋利的小刀在蛇颈上划一条痕，随即"唰"的一声，将整张蛇皮撕了开来；再用刀将蛇尾和蛇皮一同切下，看也不看地抛在地上。这时握在他手上的已经是一条赤裸裸的剥皮蛇。他再依着蛇颈剥皮的地方直划一刀，再用力一撕，已经将整条蛇肉撕了下来，剩下的蛇头和全身骨骼又抛在地上，任它们在那里婉转抽搐。

本来，蛇皮是相当值钱的，但那只是针对大蟒蛇而言（即蚺蛇，俗名南蛇，又名大琴蛇，因为它的皮可以蒙胡琴），像这样两三尺长的金脚带之类的皮，是根本一钱不值的。有时，也有人炒了来吃，称为"炒龙衣"。

三蛇羹之中的三蛇，有两条是毒蛇，因此，有许多外江佬以为广东人吃蛇羹，必须整副地吃，若是单吃一条便会中毒。其实这完全是误解的。蛇的毒仅在它牙上的毒腺，现在既连头宰去不吃，所以根本没有毒。何况三蛇云云者，也不过是一个名义而已。广东的老饕们是什么蛇都吃的，更未必一定要三条合在一起才吃。

吃蛇肉根本不会有中毒的危险，只有外行，不懂得事先劏去蛇头，那才有"撞板"的可能。

香港虽然多蛇，但不如一般人想象的那样多。香港新界等处出产的蛇，已经知道的约有二十九种，其中有六种是陆地毒蛇，最毒的是银脚带。所幸这种蛇并不常见，常见的几种蛇都是没有毒的。至于香港人用做"蛇羹"的蛇，全是自内地输入的。

◆ 过树榕指的是游蛇科的灰鼠蛇（*Ptyas korros*）；三索线指的是三索颌腔蛇（*Coelognathus radiatus*）；百花蛇指的是蝰蛇科的尖吻蝮（*Deinagkistrodon acutus*），俗称五步蛇。

◆ 生吃蛇胆易引发疾病和感染寄生虫，并不提倡。

金环蛇

鱼猪与猪鱼

前面我曾提到本地人称箭猪为鱼猪，不明白它的原因，昨天翻阅屈大均的《广东新语》，才知道广东相信箭猪是由一种鱼变的，所以称为鱼猪。《新语》卷二十一《兽语》云：

> 箭猪，即封豕也，封者大也。封豕初本泡鱼。泡鱼大如斗，身有棘刺，故化为豪猪。豪在项脊间，尺许如箸，白本黑端，人逐之则激豪以射人。妇女以金银镶之为簪，能止头痒，除白屑。其豪如蒿然，亦曰蒿猪。

《广东新语》是一部可读的谈论岭南风土的著作，虽亦不免有荒唐不经和怪延的记载，但格物说理，总在努力接近人情和自然。即如说箭猪是泡鱼变化的，虽不可信，但海里有一种鱼颇似箭猪，则是事实。

这种鱼又名猪鱼，外国人则爽快地称它们为箭猪鱼。它们被称为箭猪鱼或泡鱼的原因，是因为浑身有刺像箭猪一样，而一旦遇到敌人来攻击的时候，能够吸气将身体胀大，使浑身的刺一根一根直竖起来，敌人便对它无可奈何了。它们能将身体胀大数倍的原因，是因为腮上的出口很小，又有活塞似的东西能阻挡出气，所以能够吸气进去将胸部胀大。

著名的河豚就是小型的箭猪鱼，本地人称它们为鸡泡鱼。这种鱼本是咸水鱼，但是喜欢游到咸淡水交界的小河口来，因此，在新界大埔一带的港湾浅水里很容易见得到。它们也浑身有刺，不过不似箭猪鱼那么长，但也有吸气胀大胸膛吓人的手段，这正是它们被称为鸡泡鱼的原因。你捉到一条鸡泡鱼，将它们放在地上，它的白色胸膛就会吸气胀大起来，胀成了一个小气球似的。恰如本地俗语所说的"当堂为之吹胀"。你这时若将它抛到水里，它也像皮球似的挺着肚子浮在水面不能转身，要等气消了才会游动着。

在中国传说中，泡鱼不仅能化箭猪，更能化为虎，因此又名虎鱼或鱼虎。陈藏器的《本草纲目集解》说：

> 泡鱼生南海，头如虎，背皮如猬有刺，着人如蛇咬，亦有变为虎者。李时珍曰：按《倦游杂录》云，海中泡鱼大如斗，身有刺如猬，能化为豪猪，此即鱼虎也。

说这样的鱼能化为虎、化为箭猪，虽不是事实，但因了它浑身有刺，而且有胀大了胸膛吓人的本领，倒是很有趣的联想。

河豚

◆ 猪鱼即河豚，泛指鲀形目中二齿鲀科、三齿鲀科、四齿鲀科以及箱鲀科所属的鱼类。河豚遇到危险能吸入大量水和空气，将身体膨胀开来。此外大多数河豚的体内都含有剧毒的河豚毒素。

鱼猪与猪鱼

可炒可拆的香港蟹

形模虽入妇人笑，风味可解壮士颜。寒蒲束缚十六辈，已觉酒兴生江山。

这是黄山谷《谢何十三送蟹》绝句两首之一。我不知"形模虽入妇人笑"的出典何在，但望文生义，觉得颇与本地人"炒虾拆蟹"一语的用意非常巧合。至于"寒蒲束缚十六辈"，那干脆就是"扮蟹"了。"扮蟹"最为本地人所忌，尤其是捞家。因为"扮蟹"者，用绳子缚起来捉将官里去之谓也。

香港市上常见的蟹，有膏蟹和花蟹两种，还有一种乃是被人瞧不起的水蟹。这几种蟹都与古人所说的把酒持螯的对象不同，因为后者乃是指江浙的毛蟹，也就是香港的上海店在广告上所说的阳澄湖大闸蟹，即日火车运到，只只足半斤重，结果要卖几十元一斤。它们都是淡水水蟹。淡水蟹和咸水蟹最容易见到的区别，乃是它们那一对后脚：淡水种是尖的；咸水的则进化成了扁平形，以便在海水中能迅速地游动。咸水花蟹，其实在上海也可以见得到，那是从宁波镇海来的，他们腌了当作咸货来卖。

香港新界元朗的膏蟹和肉蟹很有名，但不识货的人最好不要买，因为一不小心贪便宜就买到了水蟹。香港出产的膏蟹并不多，市上所卖的顶角膏蟹，都是从东莞和澳门运来的。因此有人跑到香港仔的海鲜船上去蒸膏蟹，以为够新鲜，其实做了"大老衬"。因为香港仔船上的膏蟹，根本都是伙计搭车从上环街市买来的。

除了这几种可吃的蟹以外，香港还出产许多种其他的蟹，它们都栖息在海滨的岩石缝里以及深水底。生在深水底的蟹类，形体都比较大。为了适应环境，它们身体的一部分变得特别发达，因此看起来往往古怪可怕，蜘蛛蟹和鬼脸蟹都是属于这一种。还有一种雷公蟹，出产在长洲和筲箕湾，往往在夏季雷雨时出现，过了五月便少见，因此名为雷公蟹。

栖息在海滨礁石缝里的蟹类，形体大都很小，而且往往一只螯大一只螯小，便于藏在沙穴里伸那只大螯出来猎取食物，或者身体特别扁平，以便可以在礁石缝里往来自如。还有那种自己没有壳、占据了空螺壳为家的寄生蟹，在沙滩上横行疾驰，忘记了自己寄人篱下，简直一蟹不如一蟹了。

寄居蟹

丽彩招潮蟹

环纹蟳

◆ 本篇里膏蟹、花蟹、水蟹分别指的是梭子蟹科的锯缘青蟹（Scylla serrata）、远海梭子蟹（Portunus pelagicus）、三疣梭子蟹（Portunus trituberculatus）。鬼脸蟹是关公蟹科的种类；雷公蟹是蕾近爱洁蟹（Atergatopsis germaini）。寄居蟹属于寄居蟹总科，其实并不是真正的螃蟹，腹部柔软，常寄居于软体动物死后的壳中。

南方的李

从前外江人初来香港，抱怨在香港吃不到好的桃子，如上海龙华的水蜜桃、松江的黄桃，以及南京的蟠桃。现在当然不会再有这种情形了，因为过去香港市上每年所能见到的只是一种尖嘴的小桃，本地人称为鹰嘴桃，其实不过是俗说的毛桃，是不能登大雅之堂的。但如说到李子，岭南的李，就绝不输过江南以及北方出产的。且不说著名的南华李，就是上市较早的青竹李，味道就已经不恶了。

北方人对于李的评价，远不及桃，这就表示北方所出产的李，在质量上远不及南方。北方的大水果店是很少卖李的，仅是在路旁的水果摊上才买得到，一般人也禁止孩子们多吃李，这都是对于李的歧视。其实，且不说沉李浮瓜，本是夏天的韵事，就是古诗上所说的"投我以桃，报之以李"，可见桃李的地位原来是相等的。后来李的被歧视，也许是出产愈来愈不好的缘故。但佳种也并不是没有的，如有名的槜李，出嘉兴，一名醉李。《越绝书》说，吴王曾醉西施于此，所以名为醉李。今日嘉兴出产的槜李，皮薄多浆，是像水蜜桃一样可以撕开一块皮用口来吮的。

还有《晋书》上所载的王济、王戎，都是以家里出产好李著名的人物。王济家里出产的李子，就是皇帝来要，他也不肯多给。后来皇帝恼了，乘他出门的时候，率人到他家里将园中的李子吃光，并将李树也给他砍了。王戎

李

也一样地吝啬，他要卖李图利，又不愿别人获得他的好种，于是将李核钻坏了才出售。这都是关于李的有趣逸话。

香港可以吃到的李，除青竹李外，还有胭脂李。有的里面红外面青，有的外面红里面青，还有紫皮黄肉。当然最好的是南华李，这上市比较迟，可惜冒充的居多，很难买到真正的韶关南华李。香港水果店里还有一种美国李子出售，紫红色的，号称蜜李，外表很好看，可是中看不中吃，淡而无味，又贵又不好。

俗说瓜田不纳履，李下不整冠。这固然是避嫌，但也未免看轻了自己。因此我最喜欢陶弼的两句诗，说得最爽快：

主人肝胆无猜忌，李下游人任整冠。

◆ 李子指的是蔷薇科李亚属部分果树的果实，在香港通常指中国李（*Prunus salicina*），南华李、青竹李、胭脂李均为中国李的不同品种。

杜鹃鸟的疑案

杜鹃可说是我国有名的鸟，有许多关于它有趣的和动人的传说。仅是它的啼声已经提供了古今诗人无数歌咏的资料。据说猩红色的杜鹃花，就是由于杜鹃鸟苦啼不休、嘴里滴出来的血染红变成的。

许多书上都描写杜鹃在春天所发出的哀怨啼声。望帝、杜宇、子规，都是它的别名，向来传说这种鸟是古代一位皇帝的精灵所化，啼声凄恻，差不多成为中国文艺作品中寄托哀怨、乡思、闺怨一类情绪的象征。而在实际上，真正听过杜鹃啼声的人已经不多，至于亲眼见过杜鹃和知道它生活习惯的人则更少。

杜鹃虽是有名的鸟，但是什么鸟才算是"杜鹃"，不要说一般人，就是许多鸟类学家也不很清楚。

从前，岭南大学的生物学教授德国人密尔，写过一篇文章，说一种被称为"中国大巴八鸟"的野鸟，乃是中国人所称的杜鹃。这是有一尺多长的乌鸦形的大鸟，黄色的大嘴，头背青黑色，腹下黄绿色，尾下橙红色。他说，这种鸟在广东罗浮山、鼎湖山很多，啼声呜呜，彻夜不停，下雨的天气啼得更起劲。他说这就是中国人所说的杜鹃。

向来喜欢研究香港自然的大学堂的香乐思教授，也附和密尔的意见。在他的《香港的鸟类》小册子里，注明说中国大巴八鸟就是杜鹃。说它们在薄扶林和新界的林村谷一带做巢。香港的植物公园大树上也有它的巢，有一年大风，曾捉到被风吹下来的三只小雏。又说它们喜欢在树洞里做巢。

根据这两位教授文章里所附的图片，以及所描写的"巴八鸟"的形状和毛色看来，我们知道他们都不免弄错了。杜鹃不会有一尺长，也不会有乌鸦那样的大嘴，它们的毛色也不是青黑色的，它们更从来不在树洞里做巢。唯一可能相混的原因，就是巴八鸟的鸣声有一点与杜鹃相似。

中国向来所说的杜鹃，其实是郭公鸟的一种。它们全身灰黑色，胸前有黑色的条纹，全身仅有八九寸长。最大的特征是嘴角的颜色作深红色，这正是"杜鹃啼血"的传说来由。每年三月至八九月间，在香港可以见得到。

杜鹃的传说虽然很美丽，而在实际生活中，它们的名誉实在很不好。它们飞翔的时候，喜欢模拟鹰隼的姿态，用来恐吓其他的小鸟。它们自己又从不做巢，喜欢将自己的卵产在喜鹊的巢内，由别的鸟给它孵雏。杜鹃的小雏很凶恶，不仅贪食，而且懂得排挤巢内其他的小雏，时常将喜鹊的小雏从巢中挤跌到地上。

◆ 杜鹃是杜鹃科鸟类的统称，本篇里描述的比较接近四声杜鹃（*Cuculus micropterus*）。除了四声杜鹃，香港有分布的杜鹃鸟还有八声杜鹃、大杜鹃、东方中杜鹃、小杜鹃等。

八声杜鹃

图片作者:潘修记

再谈杜鹃鸟

对于杜鹃鸟产卵在别种鸟巢中寄养的怪习惯，我们的大诗人杜甫也早已提到过了。杜甫是四川人，四川又是杜鹃最多和杜鹃传说发源的地方，难怪诗人观察得特别真切。他在有名的五古《杜鹃》诗里说：

四川有杜鹃，东川无杜鹃。涪万无杜鹃，云安有杜鹃。……杜鹃暮春至，哀哀叫其间。……生子百鸟巢，百鸟不敢嗔，仍为喂其子，礼若奉至尊。……

不仅杜鹃，就是与杜鹃同类的郭公鸟，古人称为鸤鸠和布谷鸟的，也有产卵在别的鸟巢中的习惯。它们这样的偷懒方法也并不是完全盲目无选择的。它们懂得选择在食料与自己相类的母鸟巢中来产卵，而且每一巢中仅产一颗或两颗。有时又将卵产在地上，然后偷空衔入别的鸟巢。它所寄养的那座鸟巢中的其他小雏，一定没有小杜鹃或小郭公鸟那么强壮，所以结果总是逐只被它挤得跌出巢外。就是巢中有两只小杜鹃，较弱的一只也往往遭遇同样的命运，被较强的一只挤跌出去。据说小杜鹃这种排挤同类的方法是先天遗传的。它们懂得先将身体挨近巢中的其他小雏，然后张开没有毛的肉翅一阵乱抖，这样就可以将另一只小鸟抬高起来，从巢边抛出去。

怀特的《塞尔彭自然史》，是英国十八世纪一部有名的科学小品杰作，其中就一再提到杜鹃、郭公等的这类怪习惯。他的这本书是书信体的。在有一封信里，他说起有一次有个乡下人告诉他，说是某处地上有一只小鸟的巢，其中有一只小猫头鹰，由一只小雀在喂食。他闻讯走去看，发现原来是一只小郭公鸟，在山百灵的巢里孵化出来的，已经长大得使那座小巢容纳不下了，由那只小母鸟给它喂食。它见人来了便凶恶地散开羽毛，所以看来像是一只猫头鹰。

杜鹃的鸣声，有点似"Cooloo-ee-yoo"，所以我们向来说它的啼声是"不如归去"。它喜欢不停地叫，在春天的月夜或是雨夜都不停，这样单调地反复地叫着，所以叫人听来有凄凉的感觉。大巴八鸟的鸣声有点和它近似，所以被外国人误认它是杜鹃。

郭公鸟的叫声是"Kwai-Kwai-Kwai-Kwo"，我们对这鸣声译为"快快割禾"，所以称为布谷。著《上海之鸟》的魏金逊氏，则说这鸣声近似"One more bottle"（再来一瓶！），不知是再来一瓶啤酒还是威士忌，真是仁者见仁，智者见智了。

杜鹃、大巴八鸟，以及布谷鸟的鸣声，我们若是住在新界，到了春天都有机会可以听得到。

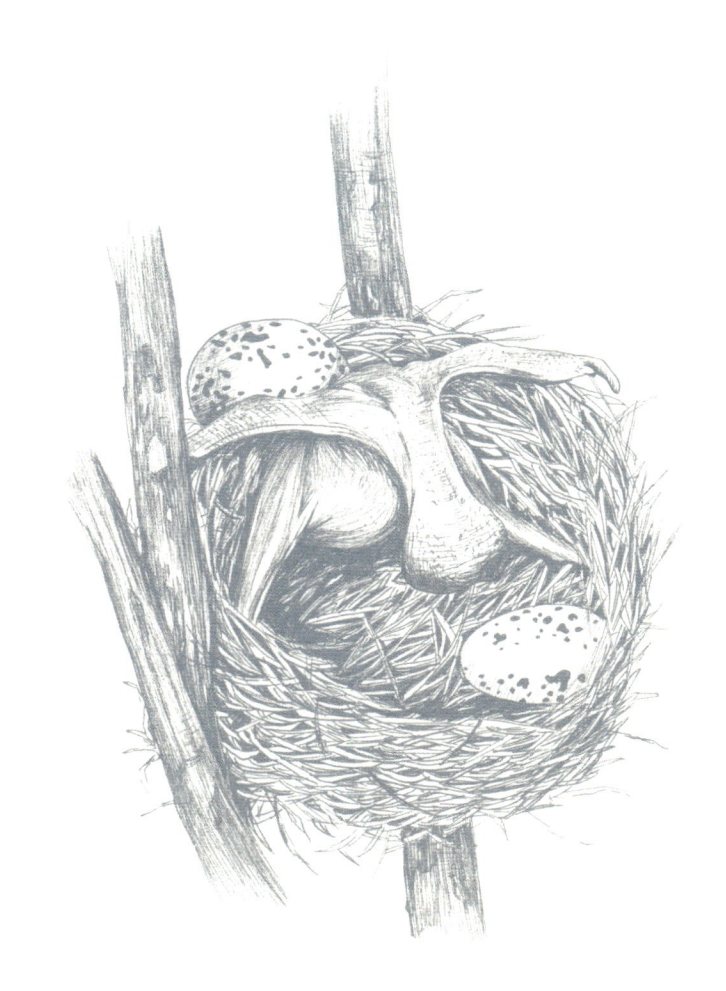

杜鹃幼鸟把其他鸟蛋顶出巢外

◆ 很多杜鹃科的鸟类有巢寄生的习性，雌鸟不筑巢，而是将卵产在其他鸟的巢内。雏鸟破壳后，便本能地将宿主的卵拱出巢，和其他雏鸟争夺食物。

野百合花

百合花在西方被认为是圣洁坚贞的象征。所罗门的《雅歌》上说,"他的恋人像山谷的百合花,洁白无瑕。"这种被欧洲人所尊重的百合花,乃是从中国移植过去的。尤其是英国人花园中的百合花,被称为"布隆氏百合花"的一种,乃是在一百多年前中英通商初期,东印度公司派到广州的英国商人,在广州花地看见这种百合花开得可爱,便将它的球根托商船带回给伦敦的友人。这位友人姓布隆氏,是由他首先将中国的百合在英国种植起来的,因此,后来就称这种百合花为"布隆氏百合花"。

这种百合花,就是我们在香港常见的那种白色的百合花(百合花也有紫红色的,法国小说家法郎士就有一部小说题作《红百合》。但这种花是以白色为贵重)。有盆栽的,也有野生的,香港的野百合花是受着保护花木法令保护的。这条法令在一九二五年公布施行,对十一种香港野花加以保护,禁止采摘或贩卖,第五种便是"布隆氏百合花"。

香港和新界的山上,现在这种野百合已经很繁盛,这都是不许人随意乱摘的收获。在香港,扯旗山顶、西高山都是野百合最多的地方。初夏时候,白色的大花朵从草丛中伸上来,使人老远就能嗅到它们馥郁的清香。

这种野百合花,它们的球根就是我们平日所说的百合,在香港街市上,有时又称为"生百合"或"生白合"。它不仅可以煮成各种的甜食或作为菜

野百合花

◆ 香港的野百合花为百合科的野百合（*Lilium brownii*），生于山坡、灌木林下、路边、溪旁或石缝中。

肴的配料，并且是一种重要的药用植物。百合在我国的食谱和药方上出现，已经有一千多年的历史，它的繁殖区域很广，从两广直至东三省都有。香港人平日不常将百合当作食料，但在北方，尤其在夏季，百合汤和绿豆汤一样，是夏天主要的消夏解暑妙品。就在平日，也将冰糖煮百合当作滋补有益的食物。香港市场上出售的生百合，多数是广东北部南雄一带的产物。

香港的野百合花，约有二尺至四尺高，一茎独生，叶子从下面一路小上去，每一茎可以开花两朵至四朵。它们在春末夏初开花。盛开的时候，花瓣微向后卷，黄色的花蕊伸出花外，每一朵可以阔至七寸。

香港的蜘蛛

香港的蜘蛛很多。有一位舍里夫先生，是英国南安普登大学的动物学教授，发表过一篇关于香港蜘蛛的研究，举列了二十几种常见的香港蜘蛛的名目。他说这是别人采集了寄给他的，事实上恐怕只是代表香港蜘蛛的极小部分，也许五分之一还不到。因为在香港常见的在人家屋内结网做巢的蜘蛛已经有多种。此外还有在花园花草上结网的，以及做巢在水草上或是草根和地底下的。它们种类各自不同，每一类又包括许多种，所以香港的蜘蛛至少会在一百种以上。

在昆虫里面，蜘蛛的种类最多最复杂。已经被著录的已有二万五千种之多，但是据说这数字距离完备还很远。它们不仅种类多，而且大小也极悬殊，并且分布的区域也极广阔。小种的蜘蛛细如粟米，但是南美洲有一种蜘蛛大如螃蟹，身体竟有三英寸半长。热带的森林和草莽中固然最多蜘蛛，但是攀登喜马拉雅山的探险队，他们在将近最高峰珠穆朗玛峰的二万五千尺高处，在那亘古不融的冰雪岩穴中，竟也发现了蜘蛛的踪迹。它们的繁殖能力既如此高强，这也难怪会衍化出那么多的种类了。

香港最常见的是一种在树上结网的黑蜘蛛。这是一种大蜘蛛，雌的有五公分长，但是雄的却很小，小得可怜。那位研究香港蜘蛛的英国动物学家曾作了一个有趣比喻，他说，一只这样的雄蜘蛛和雌蜘蛛放在一起，就好比一个身长六尺的英国绅士娶了一位有圣约翰大教堂钟楼那么高的太太!

　　一般动物,多是雄的比雌的大,但是蜘蛛却是例外,雌蜘蛛往往比雄蜘蛛要大若干倍。我们平日所见到的蜘蛛,事实上多数是雌蜘蛛,因为蜘蛛先生的身体不仅小得可怜,而且也很笨,它不会结网。所有的网都是蜘蛛太太结的。它坐镇网中心,蜘蛛先生只能远远地枯坐在网边上静候使唤。它的任务只是交尾,并且交尾之后,往往就成了它太太的食粮。

　　香港山边的草根石块底下另有一种小蜘蛛,被称为猎人蜘蛛。它们不结网,而是用跳跃的方法来攫取食料。另有一种能结成筒状的网,自己伏在筒口,静候机会来捕取飞进来的小昆虫。

　　有些蜘蛛虽然有毒,如美洲的"黑寡妇"蜘蛛,它的毒液可能令人致命,但绝大多数蜘蛛的毒液仅是用来麻醉捕获物的,对于人类并不致有损害。但是人类素来不喜欢蜘蛛,对于它有许多可笑的迷信和憎恶,往往见了就打杀。其实还是不必的。蜘蛛并非害虫,尤其在香港,屋内的蜘蛛是蟑螂的最大消灭者,我们应该最低限度任它去自生自灭。

跳蛛

斑络新妇

◆ 最常见的大黑蜘蛛指的是络新妇科的斑络新妇（*Nephila pilipes*），又称人面蜘蛛。雌雄差异很大，雌性体大结网，雄性呈橘红色、体形小、不结网，在雌蛛的网上蹭食以及争取交配机会。

相思——绣眼

相思是广东人最喜爱玩的一种笼鸟，它们的眼上像画眉一样有一道白圈，不过白圈后面没有那一条长的白眉，因此一名绣眼，有时又名白眼圈，外国人就称它们为南中国白眼鸟，但最通行的名字还是相思。

相思全身仅有三寸多长，除了眼上的白圈以外，身上上部草绿色，腹下灰白色，跳跃活泼，又善唱歌，所以是极得人爱的一种小鸟。养驯了的相思，不仅会唱，而且不怕人，即使打开了鸟笼，它能够跳出来停在你的肩上，甚或在屋里飞几个圈子，然后又飞回自己的笼内。

相思喜欢在小灌木丛以及竹树上做巢。养相思的人，要买结巢在竹树上的相思，因为它们比其他的同类更会唱，行家称它们为"唱大喉"。这种相思比其他的相思价贵，可是鸟店里人喜欢欺骗顾客，时常拿并非从竹树上捉来的相思蒙混。可是这举动只能欺骗外行，骗不过内行。据一位玩相思有经验的行家告诉我，在竹树上做窝的相思，一定比其他的相思稍大，而且眼圈上的那一圈白毛也较厚，所以一望就知道。至于小鸟则较难分别，但也有方法，那就是使它立在一根小枝上，突然将小枝转动。若是在竹树的巢里孵出来的小鸟，它一定会紧紧地抓住树枝，绝不至跌下来，因为竹树容易被风吹动，它们早已有了经验。若是一转动便从树枝上跌下来的，就一定并非真正的竹树相思。

相思从三月至八月是它们产卵孵雏的季节。春天所见到的相思总是一对一对的。到了夏天，母鸟便带着孩子们，"一家人"飞来飞去，秋天则成群聚在一起，时常五六十只一齐飞到一棵树上觅食，这样一直要混过整个冬天才再分开。香港的相思很多，时常可以见到。

养在笼里的相思，秋天换毛，春天是它们的黄金时代，高兴起来便整天歌唱。从小在人手中养大起来的相思，一点也不怕人，能在茶楼里人声嘈杂之中放喉高唱。香港威灵顿街和上环一带有几家茶楼是本港养鸟家经常聚会的地方，墙上备有铁钩和竹竿给茶客悬挂鸟笼，在这样的地方，就可以见到养在精致的鸟笼里的、被当作珍爱玩物的小相思。

相思的日常食料是绿豆粉和酒饼虫，有时还要给它们吃活蚱蜢和时鲜水果，并且还要每天给它喷水冲凉。

暗绿绣眼鸟

◆ 相思指的是画眉科的相思鸟，本篇特指红嘴相思鸟（*Leiothrix lutea*）；绣眼是指暗绿绣眼鸟（*Zosterops japonicus*）。

相思——绣眼

红嘴相思鸟

暗绿绣眼鸟

鱼虾蟹鲎的鲎

鲎是海错，我们若是到新界大埔去旅行，在市墟上便时常可以见到这东西。它的形状很古怪，若不是生长在滨海地方的，多数叫不出它的名字，有的更从未见过。但在滨海区域则时常可以见得到。中国沿海各地，从江浙以至海南岛都有，但最多的是在福建和潮汕一带的海滨，香港的出产则没有上述这几处地方的多。鲎有在春天上岸到浅水处产卵的习惯，这时在沙滩上最容易见得到，它们有时会爬到山坑里或沟渠口。有一年春天，就有一只鲎从鹅颈桥的海边大水渠里一直爬到了跑马地，给人拎起尾巴捉住了。

鲎的形状像一只铁铲，从正面看来又像一顶钢盔。那一条尾巴就恰如一把刺刀，三棱形的尾巴上有尖刺。它能翘起尾巴来鞭人，给它们刷着一下就要流血。它的一切器官都隐藏在钢盔似的硬壳底下，壳比蟹壳还要坚硬，四周有刺，保护得非常周密。香港新界的乡下人将鲎壳用来车水，或者用作舀水的工具。

很多人不曾见过鲎，也不识鲎字。鲎音候，宁波人谈到海味，惯说"鱼虾蟹鲎"，许多人都不知道这个"候"字应该怎样写，其实就是鲎。广东人则将这个字读成"豪"，因此本地人都叫鲎为"豪"。本地人骂女人淫荡或卖弄风骚，为"发豪"或"豪婆"，这是俗语。他们惯常将这个"豪"字写成"姣"，"发姣"或"姣婆"。但是据一位专门研究广东方言俗字的潘先生告诉我，这个"姣"字，实在应该写作"鲎"，"姣婆"读作"鲎婆"。至于为什么读称鲎婆，且待后面再说。

宁波人说鱼虾蟹鲎，英文也叫鲎为 King Crab。它的样子虽然像蟹，但它其实不是蟹类。在节足类动物的分科上，它是与蜘蛛和蝎子同隶一科的。鲎在地球上的生存历史很悠久，比人类的资格不知要老过多少倍，而且自辽远的洪荒时代至今，它的形状改变得并不多（这正是鲎在今日人们眼中看起来形状是这么古怪的原因）。因此在生物考古学上，它有"活的化石"之称。

据说，鲎的祖先，乃是原始时代海洋中的一种大海蝎。今日陆地上的蝎子，就是它们迁居陆上以后经过变化的后裔。鲎则是生存在海中遗留下来的后裔。几十年以前，中国曾发现过一块古生代二叠纪的海蝎化石，那模样虽与今日的鲎有多少不同，但仍使人一望就认得出这是它们的祖先。由于这一块两亿年以前的化石的发现，一面确定亚洲这一片大土地在那时还是海洋，一面也证实了这"活的化石"的进化系统。

中国旧时对于鲎有许多古怪的传说。《尔雅翼》说：

> 鲎形有如惠文，亦如便面。惠文者，秦汉以来武冠也。便面，古扇也。大抵鲎色青黑，十二足，足长五六寸，悉在腹下。旧说过海辄相负于背，今鲎背上有骨七八寸如石珊瑚者，俗呼为鲎帆。大率鲎善候风，故其音如候也。其相负，则雌常负雄，虽风涛终不解，故号鲎媚。

《埤雅》也说：

> 鲎形如便面，骨眼在背上，口在腹下，其血碧。雌常负雄而行，雄者多肉，失雌则雄不能独活。渔者拾之，必得其双。在海中群行，辄相积于背，高尺余，如帆乘而行。

大约古人认为鲎的最大特点，除了那古怪的如惠文冠如便面的形状以外，便是它的"雌雄相负"的特性。据说鲎是雄小雌大。放在水面，雌的沉到水下，雄的则浮在水面。捉了雌鲎，雄鲎往往留在旁边不逃走；可是你如果捉了雄的，那雌鲎便"咕嘟"一声沉到水底去了。

造成古人所说的鲎雌雄相负的特性的原因，乃是海滨平日不易见到鲎，只有春末夏初最多，而这时正是鲎交尾上岸产卵的时期，所以往往"相负而行"；而且雄鲎为了守护产卵的雌鲎，往往不肯离开。雌鲎则因为有保护自己后裔的本能，一有危险发生，自然先沉到水底去了。

旧时，广东潮汕海陆丰一带的海滨居民，对于鲎的这种生活形态很瞧不起，尤其不满意雄鲎追随雌鲎，而一有危险，雌鲎却自己先逃命的自私态度。他们用"鲎母"来谩骂一个他们所瞧不起的女人，这也就是前面所说的"发姣"和"姣婆"，应该写成"鲎婆"和"发鲎"的原因。又因为在海滨捉鲎，往往一捉就是一对，因此，广东有些地方也用"捉鲎"作为捉奸的替代语。

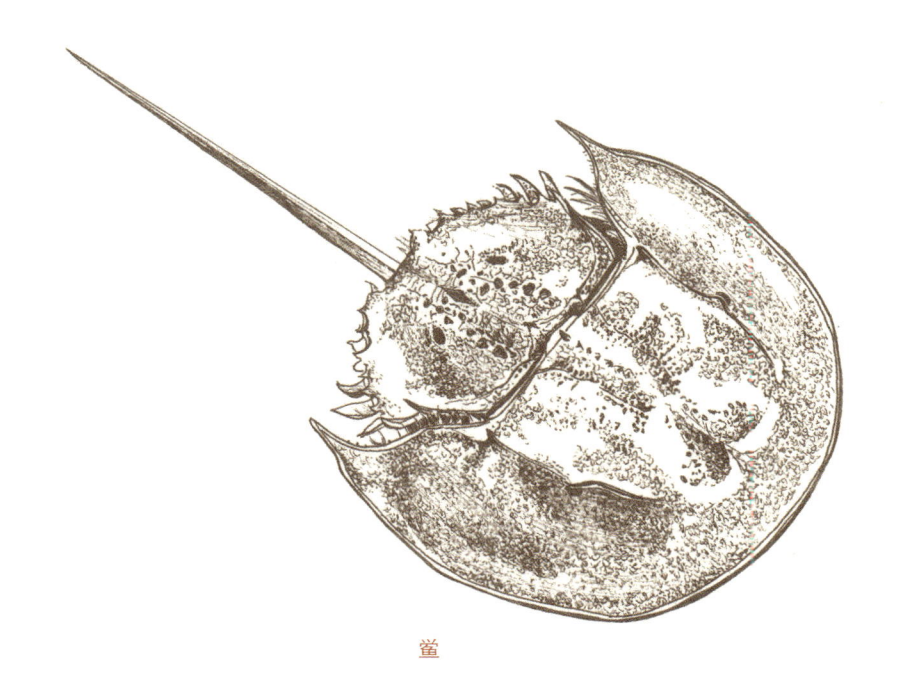

鲎

中华鲎

◆ 鲎指的是鲎科的节肢动物，分布在香港的为中华鲎（*Atachypleus tridentatus*），圆形的头胸部后紧跟分节的腹部，最下方是长而尖的尾刺，目前中华鲎的数量也越来越少。

黄麖

羌鹿，本地人俗呼为黄麖。其形颇似獐，只是獐没有角，而雄黄麖却是有角的。麖是香港所出产的唯一较大而又较多的野兽。欧洲人称它们为"南中国鹿"或"吠鹿"。它之所以名为吠鹿，是因为那特殊的吠声。在春季雨天或多雾的夜晚，如果住在香港山顶区或是新界郊外，很容易听到它的吠声。

黄麖比一只普通的家犬略大，全身栗黄色，头部颈部及腿部的毛色略深，呈棕黑色，腹下较淡，近于白色。雌黄麖没有角，雄者头上有一对小角，长约五六寸，老雄麖的角在根下有一小叉。雄黄麖嘴上又有一对獠牙，露出在唇外，像野猪一样，牙尖上翘，约有两寸多长。这是用来挖掘树根及球根植物用的，因为这些都是它们的主要食料。由于长期的挖掘使用，黄麖的牙尖多数是钝的。尤其是老黄麖，有时更折断了一节。

香港岛上、新界大陆及大屿山，都是出产黄麖的地方。可是因为它们是昼伏夜出的，白天便不容易见得到。它们最喜欢雾，因此在夏天多雾的季节，如果在山上林中散步，便常有机会可以遇见它们。

黄麖的生活习惯和性格都和野猪相似，只是不似野猪那么凶猛。它们喜欢栖息在峻斜的山坡上和深涧的旁边，野草愈深愈是它们喜欢的地方。它们多数白天伏在草丛中睡觉，到了黑夜才出来活动。同野猪一样，它们喜欢偷入田地里来乱掘乱咬。因为破坏力很大，对于农作物很有妨碍，因此，它们和野猪在乡下人的眼中都是一种害物，随时都在设法捉捕。在香港猎捕黄麖是不违犯保护法令的。乡下人有猎枪的用枪，没有枪的在夜晚用陷阱，在黄麖时常出没的路径上设陷阱捉捕。如果在白天里捉黄麖，那就要先用猎狗到它们栖息的草丛中去搜寻，或者用炮竹抛到山坳里将它们吓醒。黄麖是习惯从下向上跑的，你这时就可以站在高处用枪射击了。到新界去打猎，最兴奋的事是发现了野猪，然而打野猪相当危险，因此，多数人以猎得一只黄麖归来为最高的理想。

黄麖的肉，据吃过的人说，非常味美，是野味中的上乘。在大埔墟市上，偶尔也有乡民将捉得的黄麖陈列着求售。有角有獠牙的是雄麖，无角无牙又较小的是雌麖。

赤麂

◆ 黄麖即鹿科的赤麂（*Muntiacus muntjak*），雄性有一对角，角冠的基部分出一小支，雌性无角，生性胆小敏感。

香港的杜鹃花

凡是爱好花木的人，我劝他们应该抽暇在每年春天到植物公园（俗称兵头花园）去欣赏一下盛开中的杜鹃。若是有时间，更不妨到山顶或是新界的青山沙田一带去走走，因为那一带的杜鹃花也不少，而且都是野生的。

但也不必太心急，尽可选一个最适当的天气去仔细地饱看一下，因为杜鹃花是很耐开的。在整个三月，它们可以持续开花，将枝头点缀得灿烂似锦。

香港的杜鹃花共有六种，五种是野生的，另有一种是从广东输入的。植物公园所见到的开花最密的一种，就是这种。这种杜鹃花，树身很矮，开花最密，花色从深红以至浅红，随了地势高低和水土而定。另有一种是紫色的，花朵比红色的大，但在香港没有红色的那么多。

野生的杜鹃，有一种树身很高，可以高至十五尺至二十余尺，花朵很小，颜色从淡紫以至白色都有。它们开花较迟，可以维持至四月初。

在新界的马鞍山和大屿山的凤凰山上面，另有一种白色的野杜鹃，花朵很大，多数生在二千尺以上的高处；有的白色花瓣上还有红点，最为美丽，这是在较低的地方从来见不到的。

杜鹃俗名映山红，又名山踯躅。香港因了天气关系，杜鹃的开花比国内略早，往往在农历正月，香港的杜鹃早已开得如火如荼了。但在福建和浙江，杜鹃则要在春三月杜鹃鸟啼的时候才开花。

广东的杜鹃也很多。《广东新语》记广东的杜鹃花云：

> 杜鹃花以杜鹃啼时开故名。西樵岩谷间，有大红粉红黄者千叶者，一望无际。罗浮多蓝紫者黄者，香山凤凰山有五色者。是花故多变，而以殷红为正色。予诗：子规魂所变，朵朵似燕支。血点留双瓣，啼痕渍万枝。

香港山上的野杜鹃，是受保护野花条例保护的，非得园林署许可，不许攀折和挖掘。爱花的游客应该注意这点。

毛棉杜鹃花

锦绣杜鹃

◆ 本篇提到开花最密的可能为杜鹃花科杜鹃属的一个品种——锦绣杜鹃（*Rhododendron* × *pulchrum*）；野生杜鹃为毛锦杜鹃花（*Rhododendron moumainense*）。

香港的百足

香港的百足很可怕，又长又大，它不像中国长江流域和北方的百足那样，脚细体小。香港的百足已经属于南方的热带种，普通一条大百足总有四五寸长，最长的可以长至八英寸。同一种类在西印度群岛和南美洲的，有时可以长至十二寸至十四寸，是比蛇类更可怕的一种爬虫。

香港的大百足，背上是青黑色的，乌油油地发光，它的红黄色的脚上有一层壳，像蟹爪一样，爬起来窣窣有声，这是中国内地百足所没有的特点，也是更令人害怕的原因之一。百足是昼伏夜出的，尤其是夏季，它最喜欢在夜间爬入屋内来捉蟑螂，这是它的主要食料，也是夏季夜间时常会在屋内发现它的原因。

中国北方人呼百足为蜈蚣，苏沪一带则称为百脚。百足和百脚，其意义是一样的，都是表示它的脚多。这个俗名非常有趣，因为英文呼百足为"Centipede"，这字的语源是拉丁文，它的原义就是"一百只脚"。另有一种百足的同类，身体较小，生活在潮湿处和泥土中的，爬行得较慢，全身像笛子一样红黑相间。它的脚，比百足更多。英文则呼为"Millipede"，它的拉丁文原义则是"一千只脚"。

香港的百足究竟有多少足，这是一个很有趣的问题。其实，一只长成的大百足，仅有二十二对脚，这还包括尾巴似的最后一对脚，以及变形为牙齿的最前一对脚在内。所以一只百足实际上仅有四十只脚。那最前的一对脚，通常已变成钳形，缩在头下，从上面是望不见的。这是百足用来猎取食物或咬人的工具。它的形状像一对钳形的牙，根上有毒腺，尖端上有孔，从这里注出毒液。但其实这不是毒牙，而是一对毒爪。最后的一对脚，也长长地拖在后面成了"尾巴"，不再用以行路了。所以，一只长成的百足，在解剖上是具有四十四只脚，但它用以爬行的仅有四十只。

百足是卵生的，小百足全身作绿色。逐渐长大，身体变成暗绿色，四肢变黄色。许多不知道百足生长过程的人，偶然发现了一巢绿色的小百足，以为是另一种小爬虫，其实是误会了。

百足走路也很有趣。它不是像两脚动物那样左右脚交替前进，也不是像四脚兽那样，左前脚与右后脚、右前脚与左后脚轮流前进的。百足的走路，倒像是一队双排的兵士在列队前进，又像是划龙船的水手划桨那样，无形中分成数节，互相起伏按着一种节奏而前进的。

在鸦片战争前期，中国开始严厉禁烟，洋商的鸦片都不敢直接运入广州，他们都用趸船驻泊在零丁洋面，然后使用一种特殊的小艇，用走私的方法运入中国沿岸。这种鸦片走私小艇，艇身狭长，用几十名水手划桨，其行如飞，它的绰号就叫蜈蚣船。

百足的毒虽不致杀人，可是给它咬上一口，却是很痛的。因有毒液注入，局部会红肿发炎，能使人昏眩、头痛、呕吐。又因了百足的脚爪很尖锐，抓住了皮肤不易放松，脚上带有微生物，皮肤破处也很容易发炎中毒。

香港另有一种小型的百足，身体细长多足，仅有一寸余长，如果将它踏碎了，在夜间能放出碧色的磷光。

另有一种百足同类的爬虫，身体较短，脚比百足更多更长，江浙人一般称之为蓑衣虫，北方人呼之为钱串子。它全身灰黑色，形状很难看，时常在潮湿处或屋内的墙上出现，小者寸余，大者长至二三寸，行走极速。我不知本地人叫它什么，外国人呼之为"持盾者"，说它像古代持盾疾走的武士。

在香港不常发现，但在森林阴湿处，则偶然可以见到。有的全身红绿斑驳，抬高了身体在烂叶上疾走。本地人很怕它，说它咬人比百足更毒。但生物学家却说这种爬虫是没有毒的，因了它最喜欢吃蚊虫，反而是有益于人类的。

百足的形状虽然可怕，但中国旧时却将它入药，谓可以解毒。广东人更将百足列入食谱，当作蛇鼠禾虫之外的异味之一。据说旧时广州源昌街有一家大商行的老板，就是以嗜吃百足驰名的。他吃的百足是豢养的。店后有一大坑，在泥土中浇以米汁，盖上稻草，不久就能生出百足。他周年在坑中养着整千整万的百足，能用百足制出煎炒蒸焗的整桌百足筵。这真是信不信由你的怪事。据吃过百足的人告诉我，将大百足浸在滚汤中烫过，剥去壳，剩下一条细白的肉，鲜甜爽嫩，其滋味不输龙虾或蟹肉云。

马陆

◆ 本篇所指的百足为唇足纲蜈蚣目的节肢动物，百足的同类——更多脚的是倍足纲的节肢动物，统称马陆。

蜈蚣

蚰蜒

香港的百足

蜡嘴，窃脂

这是两种有趣的笼鸟，因为它们性情乖巧，容易驯熟，所以获得玩鸟者的欢迎。两种鸟得名的由来，都因为它们那一张又大又厚重的嘴，闪闪有光泽，像是一层蜡，因此黄嘴的一种便名为蜡嘴，红嘴的一种则名为窃脂。后一种的名字很香艳，说它偷吃了胭脂，所以留下了一张红嘴。外国人称它们为爪哇麻雀，因为苏门答腊和马来都是它们的原产地。

蜡嘴的身材确是有点像普通的麻雀，只是毛色不同。黑头，紫灰色的背，腹下藕灰色，脸上颊有两块白斑，黄嘴的黄脚，粉红嘴的粉红脚。

香港鸟店里所卖的粉红嘴的窃脂，都是从马来和爪哇输入的，每年还要大批地经过香港运到内地去。这种小鸟虽然为我们中国人所爱玩，但在原产地则很粗贱，它们是不折不扣的爪哇麻雀，在建筑物的隙缝或檐下做巢，也像麻雀一样地成群飞到地上觅食。因为又多又贱，而且时常在有人的地方往来。南洋华侨念佛的老太太，时常大批地买来放生，并禁止孩子们捉来玩，说是会令人读书不聪明。

蜡嘴古名桑扈。江浙和北方人都喜欢养它们。养蜡嘴有时不用笼而用一只铁叉。蜡嘴又厚又大的嘴，是最宜于啄食谷类的。养熟了的蜡嘴，可以任它立在铁叉上，然后将一粒黄豆一类的东西抛在空中，它会飞起来噙住再飞回到架上来。

蜡嘴又会衔纸牌算命，这种玩意在香港街头也可以见得到，不过所用的都是粉红嘴的窃脂。这都是由测字算命先生或占卦的老太婆养着的。它们会从小笼里走出来，从一叠纸牌里衔一张出来，或是在一堆测字用的纸卷里拖一卷出来，测字的就根据它所拖出来的字解释给顾客听，同时从火柴盒里取一粒谷米一类的东西作为报酬给这只小雀。湾仔的修顿球场和九龙的榕树头，一到夜晚就时常可以见到这种小玩意。你即使不相信算命测字，花一两毫子看看这小鸟的乖巧表演，有时也是很有趣的。

　　它们的表演很纯熟，很听话，正是这种小鸟会成为许多人爱畜的笼鸟的原因。但是要它们听话算命也有个小诀窍，那就是事先不能使它们吃饱，否则它们便对工作以后的那一粒报酬不感兴趣了。

　　黄嘴的蜡嘴，在冬天会到香港和新界来避寒。粉红嘴的爪哇麻雀，在香港虽然也是过路的候鸟，但有人曾在西环七号差馆旁边的那座古教堂上，发现它们在那里做巢。

灰文鸟

◆ 蜡嘴指的是雀科的黑尾蜡嘴雀（*Eophona migratoria*）；窃脂是指文鸟科的灰文鸟（*Padda oryzivora*），世界各国都有饲养。

黑尾蜡嘴雀

香港的鸭

春江水暖鸭先知。

在江南水乡，嫩黄的新柳树下，一群雏鸭在小河上往来嬉水，在河面上漾出一道一道的波纹。这是非常恬静的江南初春乡村风景，因此，使得诗人能写出"春江水暖鸭先知"这样的富于自然风趣的名句。这样的情调，在香港的乡下是很难找得到的。

鸭是仅次于鸡的主要家禽，但本地人对于鸭似乎不大感兴趣，甚至有许多人对它有反感。不仅做生意的人最不喜欢"吃全鸭"，就是学生哥提起了"吃全鸭"也头痛。生病的人也忌吃鸭，尤其是患疮疖等外症的人，认为鸭肉性毒，吃了能使患处愈加发炎肿胀。就因为这样，意头不好（"吃全鸭"是"零分"和一点生意都没有之意），又没有鸡那样滋补有益，于是鸭遂被本地人所轻视了。

但在外江，鸭是非常普遍而被看重的家禽。不仅送礼馈赠要用成对的活鸭，就在筵席上，全鸭也比全鸡更名贵，尤其是北京馆子的烤鸭，更是比广东鱼翅更看重的上菜。

本地人过年过节，第一是劏鸡，很少人劏鸭的。只有吃不起鸡的人才劏鸭。绍菜扒鸭、八珍鸭一类的菜，总是被认为是次一等的益食家的粗菜。

本地街市上所供应的鸭，大都来自广西梧州，有时南洋暹罗等地也有"番鸭"运来。但香港新界的西贡沙田一带，养鸭的人也不少。咸淡水交界的小河和泥滩，充满了小鱼虾和螺介，是鸭子最理想的觅食地点。养鸭的人，只要用长竹竿缚着一把破葵扇，按时将鸭群赶下水去又赶回来就行了。

本地人养鸭，最喜欢养鸭乸，因为可以生蛋，老了不会生蛋了，又可以赶到街市上劏了卖；其次是梧州鸭，因为它的肉嫩味好，价钱也好，梧州鸭多数是白胸的，就连黑鸭，胸部的毛也是白色的，可以一望就知道。

鸭子是喜欢水的。本地另有一种鸭，可以养在岸上或泥塘里，本地人名为"泥鸭"。这种鸭很大，仿佛番鸭，有时一只有七八斤重。这是制西餐的原料，味道不及梧州鸭，但比老鸭乸好得多了。

番鸭是从马来亚和菲律宾输入的，现在新界也有人饲养，它们的肉是红色的，味似羊肉，中国人更不喜欢。

番鸭

◆ 番鸭是原产于美洲的疣鼻栖鸭（*Cairina moschata*）与家鸭杂交而来。

香港的狐狸

太平山下本来是很多迷信的。有洋迷信，有中国迷信，尤其是本地人，鬼怪的传说和迷信更多。香港就有几间很有名的鬼屋，又有猛鬼桥，筲箕湾的旧炮台也有女鬼迷人。但是奇怪得很，却不见本地人说起有狐狸精迷人和狐仙的传说。

本来，狐仙作怪的故事，在中国是流传非常广的。在旧时，北京和南京的那些古老大屋，十间有九间都是传说有狐仙的。就是福建人对于狐仙也很迷信。福州人家多数供有"大仙"的牌位，连大声提起"狐仙"两字也不敢。但是一到广东，"狐仙"显然就失势了。《聊斋志异》和《阅微草堂笔记》里搜罗了那么多狐狸精故事，却少有"广东狐狸"的。因此广东人就从没有用"狐狸精"这三个字来骂女人的习惯。

广东的狐狸不成精，连带香港也没有狐狸的传说了，然而这并非说香港没有狐狸。

在香港很少有机会见到狐狸，然而香港确实是有狐狸的。不仅九龙、新界一带有，就是香港的山上也有。北京、福州的狐狸，是像老鼠一样住在人家里的，你可以在屋脊和神楼上见到它们，但是香港的狐狸却是住在野外山上的，因此便不容易有机会见到了。

香港的狐狸是属于南中国狐的一种，与福建厦门山上常见的野狐同属一种。它们的足迹远及印度、南洋。毛色是火红的，本地人称为红狐狸。大的有两尺长，后面还拖着一条一尺多长的"狐狸尾巴"。这种狐狸栖在山洞里，昼伏夜出，因此不易为人见到。它们正如一切其他的同类一样，最喜欢潜入人家的鸡笼偷鸡，但是最怕狗。

几年以前，曾有人在新界梅林打死一只母狐狸，发现了狐狸洞，捉到两只小狐狸，一雌一雄，送到植物公园去寄养，由他们养在园后山上有铁丝网围着的这一座小型动物园里。后来一只雌的咬破铁丝网逃走了，仅剩下一只雄的，后来也不知道到哪里去了。有人说笑话：以后山上如有狐狸精出现，可能就是这一只逃走的雌狐狸成精作怪了。

◆ 南中国狐即赤狐（*Vulpes vulpes*）的华南亚种，属于犬科，现在在香港已很难见到。

赤狐

水母——白蚱

我们在夏季乘轮渡过海，往往可以见到碧绿透明的海水中，有一团一团浅蓝色棉絮样的东西，在距离水面一两尺深的水中，随着潮汛浮沉，缓缓地自东向西流去。这并不是轮船上抛弃的废物，而是一只一只的水母。

是的，夏天到了，是游泳的季节了，同时也是水母出现的季节了。从五月开始以后，这种奇怪的、几乎透明的生物，就在香港四周的港湾里出现。它们随着潮水浮沉，有时会给高涨的潮水带到沙滩上来无法退去，就在那里给太阳晒成一摊腥水，变成一张薄皮。但是游水的人若是在水中不慎给它们叮了一口，不仅肢体会红肿，而且要发热心跳，要一连痛上好几天。

本地人俗呼水母为白蚱，是夏天海泳的人最怕的东西。它们随着夏天的进展愈来愈活跃，到了八九月更大批地出现，愈是天气好，它们愈加到处漂荡。香港若干游泳棚，像西环的钟声等处，是最容易遇到白蚱的。

水母的形状像是一枚鲜菌，又像是一把张开的降落伞，下面拖着无数的触须，在水中顺着水流缓缓地漂荡。水母的触须像章鱼的触脚一样，每一根上面附有无数的吸盘，能缠吸住任何东西，同时还注射毒液。在水中叮人作痛的就是由于每一个吸盘所注射出来的毒液，这本是用来麻醉水母所捕获的当作食料的小鱼虾的。但是因了它每一根触须上有几十几百个吸盘，一旦几十根这样的触须缠到人的肢体上，所注射出来的毒液也就够受了。如菲律宾附近海中产生一种水母，若是给它叮了，往往能令人中毒致死。所幸香港海中所常见的水母，有的很小，根本不足为患。就是浅黄色较大的一种，也只能使被叮的部分红肿麻木几天，用酒精和普通消炎的药膏涂一下就可以，是不致有性命之忧的。

  水母的颜色有很多，但普通看来总是透明的乳白、浅蓝或浅黄色。它们的大小也很悬殊：小的仅有半寸直径；大的却可以像一张圆桌面。深海中还有一种水母，它们下面有小鱼虾寄生着，小鱼虾利用水母底下的触须林为避难所，同时还引诱其他的鱼类来追赶它们，以便水母用触须缠住，大家共餐一顿。这种互相利用的合作生存办法，是生物界最有趣的现象之一。更奇怪的是，水母从不用触须叮这些寄生在它下面的小鱼虾，它们彼此之间似乎有一种君子协定存在。

  中国旧称水母为海蛇，说它无目，以虾为目，就是误解了寄生下面的小鱼虾的作用。大的水母用石灰矾水压出咸水晒干，便是我们在京菜冷盆上常吃的海蜇和罗皮。

◆ 水母为刺胞动物门的几类动物的统称，一般长有圆伞状或钟状的身体，以及触器和口腕，触器主要由触手组成，触手上的刺丝囊用于捕食和攻击敌害。

巴布亚硝水母

沙滩上的贝壳

  我的耳朵像贝壳，时常怀念着海的声音。

  这不知是法国哪一位现代诗人的两句断句，我忘记了他的名字。我很喜欢这两句诗，每见了孩子们从沙滩上拾回来的贝壳，就不禁要想起这样的诗。而事实上也是，你如将贝壳贴近耳朵上去听，由于外面的声响传到空贝壳里所引起的回声，使你觉得里面好像还残留着海涛的澎湃和风的呼啸声。于是就挑动诗人的幻想，认为虽然早已海枯石烂，久经沧桑，但是放在案头上的空贝壳，只要你拿起来侧耳去倾听，里面仍始终残留着海的声音。

  夏天到海滩上去拾贝壳，可说是游水以外的最有趣的娱乐。这种娱乐对于成人和孩子是一样的适宜。香港本是一个搜集贝壳的理想地点。只是开辟已久和游客太多的沙滩，如浅水湾等处，已经不容易找到完整的和新奇少见的种类。有搜集贝壳癖的人，是该向较冷僻的以及离岛的沙滩上去搜寻的。

  不仅香港的海滨有多少种贝类，无法数得清，就是世上的贝类共有多少种，也没有正确的统计。从前志秉先生曾写过几篇研究香港贝壳的文章，发表在《香港自然学家》季刊上，一共著录了八十种。他的数据都是从香港岛、九龙以及长洲、舶寮洲等处搜集来的。文章并不曾写完，后来不知怎样竟没有继续写下去了。

"贝类"本来都是活的软件动物，但我们在沙滩上所拾得的贝壳，里面的"屋主"早已没有了，而且经过海水的冲洗和日光的漂白，贝壳的里外已经变得非常干净，因此，色泽也是哑暗无光的牙白色居多。这些"房屋"的主人，有些可以供食用，被人们认为是海中的珍味，有些可以做装饰品。但大多数的贝类，好像自生自灭，除了它们的空壳被人拾去做搜集品以外，对于人类没有什么关系。其实并非这样。这些大大小小数不清的软件动物，靠了它们的分泌物将岩石和砂粒团结起来，造成一道坚固的防线，抵御海浪和潮汛的袭击。对于保持海岸崖面完整和防止水灾，它们实在是一批对于人类有益的无名英雄。

　　中国古时曾经以贝壳为货币，这就是宝贝的"贝"字由来。这种当钱使用的贝壳，是一种椭圆形的小贝壳，外面很光滑，浅黄色，口上好像有两排牙齿。这种"钱贝"至今还被南太平洋许多小岛上的土人当作珍物，成串地穿起来挂在身上。

　　构成海滩上那许多贝壳的原物，不论大小，若壳的形状是漩涡形或是筒状的，我们大都叫它们为螺；若是由两片扁平的壳构成的，这便是蛤、蛏、蚶、蚬之类。此外还有单片的，壳形像蛤、蚶，但是只有一片，被我们通称为鲍鱼的石决明，就是属于这一类。不过，构成沙滩上的数不清的贝壳成分，还不只上述三类。有许多细小的白珊瑚枝以及小蟹的空壳，有时也成为搜集贝壳者的注意对象。

　　香港人常吃的响螺，它的形状就是螺类的代表形状之一。响螺的壳外边作污黄色，里面有很厚的瓷质，作浅肉色，闪闪有光。这种螺壳将尾部磨破少许，可以吹得响，所以称为响螺，也就是古人所说的"大吹法螺"的法螺。这不仅被道士用来作招魂之用，就是一般渔船出海，有时也吹这东西来互相打招呼。

　　螺旋形的尖而长的笋螺，那模样和宁波人所爱吃的海螄差不多，乃是沙滩上最常见到的贝壳之一。海螄是污黑色的，但是沙滩上的笋螺壳，经过多时潮水的洗刷和日光的照射，大都变成白色。沿着螺旋残留着咖啡色的斑纹，色彩的雅淡该是女人夏季衣料图案最好的设计。还有一种芋螺，椭圆形像是小芋仔，壳上有黄色和黑色的网纹，非常美丽。

在香港海滩上最容易拾到的贝壳，除了白色的笋螺壳之外，便要数到本来该是两片合在一起的蚬壳了。细小的白蚬壳，有的仅有半英寸大，其薄如纸，壳上也有一层层的晕纹。若是能找到一批完整的，由小至大排在一起，看来也颇有趣。古人说蛤蚬之类壳上的晕纹，是每经潮水一次就多一层的，像树干的年轮那样，这话恐怕不可靠。

蜂房状和兰花形的珊瑚石，也该是在海滩搜集贝壳最不宜放过的东西。形状整齐的珊瑚石，洁白无瑕，不仅放在案上可以做纸镇，同时也可以放在热带鱼的缸里，或者埋在松树和文竹的盆景里作为搭配。若是嫌所找得的珊瑚石不够洁白，可以在雨天放在檐溜下去冲洗，隔了相当时日，自然会洁白的。

河蚬

暗色芋螺

大法螺

双层笋螺

◆ 贝壳泛指软体动物的外壳，种类形态众多，深受人们喜爱。文中提到的贝壳有法螺科、笋螺科、芋螺科、宝螺科等不同的种类。历史上，贝壳曾被不同国家的人们作为货币使用。

沙滩上的贝壳

街边和水边的蛤乸

报上的"街头巷尾"小新闻,记录两个过路人见到一家油店买油送手表广告的对话,一个说:"咁买一担油又得个手表,唔系好抵值?"另一个回答:"你真系傻嘅,有咁大只蛤乸随街跳咩?水野都唔定㗎!"

"有咁大只蛤乸随街跳?"这是一句广东俗语,有时还要在开头内加"边处"两字,加强这语气。蛤乸就是青蛙,也就是田鸡,在郊野的水田里或香港山边都很多,但是在大街上却不容易见得到,就是偶然有一只,也早已给第一个见到的幸运儿捉去了。因为蛤乸正是广东人认为的美味之一,煲田鸡饭、走油田鸡,是酒楼里的热门食制,因此,绝不会有一只蛤乸漏网在街上乱跳而无人去捉的。这就是"边处有咁大只蛤乸随街跳呀"这句俗语的由来,表示世间绝不会轻易有便宜的事情。即使有,实际上仍多数是"揾老衬",因为"边处有咁大只蛤乸随街跳呀!"

蛤乸虽不会随街跳,可是一旦到了郊外或山边水涯,它们却是随处可见可捉的。蛤乸是两栖类动物之一,通常可以分为青蛙、田鸡和蛤蟆三大类,后者包括传说中著名的"刘海戏金钱"的那只三脚蟾,以及被人当作笑谈的想吃"天鹅肉"的癞蛤蟆,还有本地人所说的"蠄蚷食月"的蠄蚷。其实也是这些东西,严格地说,它们一律该称为蛙,是两栖类中的无尾类,有尾的是水蜥和火蛇。

香港的蛙，包括普通的青蛙和田鸡蛤蟆，据说一共有十五种之多。其实有两种是树蛙，它们是土黄色的，脚上有吸盘，能够上树捕食昆虫，又能够随了环境变色，所以不容易被人察觉。九龙郊外另有一种牛蛙，栖息在山边水沟里，叫起来的声音很古怪，"汪汪"如黄牛，因此名为牛蛙。美洲有一种牛蛙的鸣声更大，叫起来往往一英里之外都可以听得到。

关于蛤蟆，本地人还有一句有趣的俗话"亚六捉蛤"。这是说登徒子在街上调戏良家妇女，被人设计骗到家里，无法脱身，关起门来一顿毒打，或是剥去了外衣罚他冲洗屎坑。这就是"亚六捉蛤"，即"局住不得脱身"之意，现在也用来指一般摆脱不掉的麻烦手续。因为据说乡下人捉田鸡是在夜间用火照的，田鸡见了火光便不动，任人捉捕。可是"亚六"不懂这方法，却用东西去罩田鸡，将它局住，于是"亚六捉蛤"便成为笑话了。

因了捉田鸡要用火照，走江湖看相算命，夜间在街边举起一盏油灯凑近顾客的脸上给他看气色，他们行家术语也称这动作为"照田鸡"。这种情形，我们可以夜间在九龙的榕树头、香港的修顿球场时常见到的。这也是关于蛤蟆的一句有趣成语，谁说街边没有蛤蟆可捉呢？

泽蛙

黑眶蟾蜍

街边和水边的蛤蟆

花狭口蛙

◆ 据目前的统计，香港有二十二种蛙和蟾蜍，本篇所指的树蛙为树蛙科的斑腿泛树蛙（*Polypedates megacephalus*），牛蛙为花狭口蛙（*Kaloula pulchra*）。

白兰，含笑

从前苏州的卖花女郎，挽着小竹篮沿街叫卖"栀子花、白兰花"，你若是指着香港的白兰花树告诉她说，这就是白兰花，她一定不肯相信，因为苏州花园里的白兰花，至多仅有二三尺高，人家栽在盆里的，更只有一尺多高。卖花女郎每天所卖的用细铜丝两朵穿在一起的白兰花，就是从这些小树上摘下来的，所以非常名贵。可是香港的白兰花，战前一个铜仙十朵二十朵。就是现在，一毫也可以买到五六朵。一棵丈余高的白兰花树，一年正不知可以不断地开出几千朵花哩。

在香港市内，最容易见到的一棵大白兰花树，是植物公园侧门外山坡上的一棵，地点就在铁岗对上坚道的那条通到公园的斜路旁，就在那个管理交通的灯号的对面。这棵白兰花树已经粗得不止合抱，看来简直有十余丈高。在夏季开花的时候，因为树太高了，站在树下不容易看见枝头细小的白兰花，可是那一股幽香就够你陶醉，尤其是在夜晚，差不多很远就可以嗅得到。

白兰是热带植物，叶子有蜡光，在东南亚一带都很繁殖。云南的白兰花树，其高大就不输于香港。它们被称为白兰，是因为白色的花朵有点似建兰，其实并非兰科植物。

与白兰花相似的是含笑花。它们也是常绿灌木，普通有四五尺高，有时可以高至二三丈。开花的时候，花贩就沿街叫卖，因此，你在早上可以听到花贩在叫卖含笑。花朵比白兰略短，肥肥的一粒，像是一朵小型的未开的莲花。含笑的香气非常浓烈，嗅来有一阵很重的熟香蕉的甜味。这正是热带花朵特有的香气。广东乡下的年轻女子，喜欢将一两朵含笑夹在头发里，使它终日散发着香气。

含笑有时又称为夜合花，因为那小小的花蕾在白昼是半开半合的。广东的山歌有云：

> 待郎待到夜合开，夜合花开郎不来。只道夜合花开夜夜合，那知夜合花开夜夜开。

这是情歌，用夜合花反复来比喻失约的情人和自己的寂寞，可见一般人对于这种花的爱好。含笑又有紫色的，但没有白色的那么香。又有大含笑、小含笑之别，古诗有云：大笑何如小笑香，紫花那似白花妆。

白兰　　　　　　　　　　含笑

◆ 白兰即木兰科的白兰（*Michelia alba*），常绿乔木，华南地区常作为行道树；含笑为木兰科的含笑花（*Michelia figo*），常绿灌木，用于绿化种植。二者皆有馨香的气味。

老榕树

　　木棉和榕树，都是南方特产的树木。榕树枝干横出，往往可以阴笼十亩；木棉则一枝挺秀，上耸云霄。因此在木棉开花的春天，时常可以从榕树顶上望见缀着大红花的木棉，高出四周绿阴之上，如鹤立鸡群。这种情形，就是在本港多树木的山坡上，也随时可以发现。

　　为了这种特性，木棉有英雄树之称。至于榕树，则因了它喜欢寄生在他种树木之上，起初不过是一小枝，后来逐渐长大，根枝四出，往往将原来所寄生的那棵树包围，使它不见天日，得不到阳光水分，以致枯竭而死，因此有霸王树之称。广东人最喜欢在榕树丛中植一两株木棉，使它们高出榕树之上，形成英雄压倒霸王的场面。

　　南方人见惯了榕树，不以为奇，可是一个初到这里的北方人，第一次见到榕树，才真够他惊异。他以为是几十棵甚至几百棵小树生在一起，其实仅是一棵大树。那些无数小树，乃是由大树上的根须，从枝上垂下来，钻入土中，长大后便变成一根新树干。这种根须，被称为气根，可以循环生长，使得一棵榕树化成一间屋甚至几间屋那么大，使它本身成为一座树林。广东乡下就有好些地方有老榕树的根枝结成了拱门，可以容行人车马通过，号为榕树门。从前香港利园山上也有一棵著名的大榕树，有人在榕树上装了电灯，将那下垂至地的无数枝根分成一间一间的茶座，成为一间很别致的茶室。可

榕树

惜随着利园山的铲除，这棵有名的百年老榕树也被砍倒了。

榕树又被广东人当作风水树，往往在扼要的地段植上几株，借以增加形胜，广大的浓荫就成为乡人聚谈休息的理想地点，因此，就有榕树头讲古的成语出现。香港九龙就有一个地方叫榕树头，也是大众休息游乐的集中地。

榕树的树身虽然大，可是中空不成器材，但也因此免于斧斤，所以时常可以见到百年的老榕树。不过，树身中空了，很容易触雷引火，因此，时常有暴风雨中老榕树被焚的新闻。正因为这样，老榕树"成精"的故事很多。香港从前就传说湾仔妙镜台有一棵老榕树成了精，作怪迷人，后来也在大风雨中给"雷神"劈死了。

◆ 榕树是桑科榕属的一大类木本植物，有一些榕树的枝条上会生出"气生根"向下垂落，等它们落入土壤后会逐渐变粗，慢慢成为支柱根。

香港的麻鹰

本地人称鹰为麻鹰，上海人则称老鹰，有些地方又称鹞鹰、苍鹰，其实都是同一种东西。在香港天空，乃至在内地到处所见的在高空盘旋着的，都是这种鹰。它们喜欢在城市附近有人住的地方觅食，所以我们到处抬头都可以见得到。

严格地说，它们其实并不是鹰，应该称为鸢，同鹰一样都是属于隼目的猛禽，古人所说的"鸢飞戾天"，就是指它们。因了平日最常见，从许多时候以来，它们早已成为鹰的代表了。

香港的麻鹰，喜欢在山中大树顶上做巢，很少结巢在悬崖峭壁之上，这是它们与海鹰、鱼鹰不同的地方。在国内，寺院里的宝塔是老鹰最喜做巢的地方。春天是老鹰产卵孵雏的季节，它们为了防护被人探巢取卵，上到塔顶上的游人时常会受到意外的袭击。

麻鹰不仅目力好，飞行的技术也极高明。终日盘旋高空，有时凝然不动，好像停在空中似的，然后翅膀一斜，便能从空中滑翔下来。它们猎食的范围很广，从鼠雀鸡雏、海中的鱼、草丛中的小蛇，而至垃圾堆中的鱼肠腑脏等，都是它们在空中注意的对象。它们从高空突然翻身下来猎食的迅速和准确程度，实在令人佩服。我们时常看见麻鹰像一阵黑影似的从海面掠过，随即攫到一条鱼飞走了。

麻鹰的巢很大。若是旧巢，由于每年修补整理，往往愈来愈大。有人在青山顶上发现一座鹰巢，从上至下足足有六尺厚。底下是用树枝搭成的，里面铺着干草树叶破布烂纸等，什么古怪的东西都有。最有趣的是，其中发现了许多空纸烟盒。这种用马粪纸做成的纸烟盒，被麻鹰认为是理想的铺垫材料。郊外路旁随处都有被游人信手抛弃的空烟盒，于是，麻鹰的筑巢材料也就取用不尽了。

麻鹰虽然时常许多只一起在天空兜圈子，但是它们彼此之间的友谊实在不是很好，一发现了食物便要争夺追逐。它们的叫声很特别，尖锐刺耳，一听就知道这是鹰叫。在争夺食物或在交尾的时候，它们便发出这样的叫声。鹰的交尾是在空中飞行时进行的。起初是互相追扑飞掠，然后一上一下突然合在一起，一面继续飞着，一面发出怪叫。

香港岛上的马己仙峡以及海中的昂船洲上空，都是每天时常可以见到大批麻鹰盘旋的地方。

黑耳鸢

◆ 麻鹰即鹰科的黑耳鸢（*Milvus migrans*），又称黑鸢、老鹰、老雕、黑耳鹰、老鸢或鸡屎鹰，是香港数量较多的一种猛禽。

枸杞和枸杞子

　　枸杞古称仙人杖,又名西王母杖,据说久服轻身明目,可以长寿。这功效是否可靠,我不知道。香港枸杞上市的时候很便宜,鸭蛋也便宜,买两只鸭蛋,一束枸杞,滚一大碗枸杞蛋汤,不要用味精,不必用上汤,吃起来自然清香开胃,又便宜又可口。能够时常喝这样的汤,纵然不会长寿,我想大约总不致短命了。

　　香港出产的枸杞很肥壮,普通摘下来卖的,连枝总有一尺多长。枸杞本是小灌木,若是野生的,可以像九里香等花木一样,高至丈余。但是市上所售充食用的枸杞,都是每年在园地里栽种出来的,至多只有一二尺高,因为目的是要它的枝叶多,可以摘了一批又长一批。

　　上海人称枸杞为枸杞头或枸杞菜。虽然也有菜园里栽种出来的,但市上卖的总是从野生的枸杞树上摘下来的嫩叶居多,所以称为枸杞头。这本是春夏之交有名的野菜之一。除了枸杞头之外,还有马兰头、荠菜、金花菜,都是江南原野里有名的野菜。虽然市上尽有得卖,但是一般人家总是喜欢乘春天郊游之便,自己动手到郊外去找。纵然采得的仅是一小撮,回来炒了吃起来,总觉得特别有滋味。

　　枸杞不仅叶可吃,就是一粒粒朱红色的枸杞子也可以吃。这也是中国药材中常用的药品之一。香港食物店里所出售的炖品,总喜欢放进一些枸杞子

枸杞

同炖，称为淮杞，如淮水鱼、淮杞乳鸽之类，汤里的那一粒粒红色的东西，便是枸杞子了。

枸杞别名仙人杖、西王母杖的原因，是因为中国的药学家相信枸杞有许多玄妙的医药功效，近于仙草的缘故。相传枸杞的根，年代多了，能变为犬状出现，吃了可以成仙，称为瑞犬。这当然是传说，但枸杞的老根，年岁多了，长得古拙盘曲可爱，倒是真的事实。因此，枸杞根也是中国园艺家所爱蓄的盆栽之一。一棵古老苍劲的枸杞根，抽出几枝嫩叶，到了秋天时结出累累的朱红色的枸杞子，实在是极可玩赏的盆景，不下于天目松和广东的水横枝。

◆ 枸杞为茄科植物枸杞（*Lycium chinense*）；枸杞子即枸杞的果实。

香港的野兰

香港的岩石树根和阴湿的山坡上有很多野兰花。据已经被人发现了的来说，这些野兰共有三十九科七十五种之多。一九三七年，曾有人用英文写过本薄薄的小册子，将其中的二十种加以介绍。香港的野兰，都是属于被保护的野花之列。如果想采集了来作标本或研究，是要先得到园林署的书面许可的。

野兰花大约可以分成三种：一种是像普通花草一样，直接生长在泥土上的；另一种则攀附在其他的树根或岩石上面；再有一种则是寄生在朽木上的。属于前两种的野兰最多，第三种很少见。香港所见的野兰多是第二种，因为热带生长的野兰花，多数是这样攀附在岩石或其他植物上的。

野兰花在植物界是一个庞大的家族。由植物学家分类著录者已有七千五百种之多，但据他们说这个数字距完备两字尚远，因为世界上几个出产野兰最多的地方，还未仔细去搜索研究过。据说，新几内亚、爪哇、菲律宾群岛、美洲中部，都是盛产野兰的地方。新几内亚三十万方里的地面，共有野兰二千二百种之多。菲律宾群岛的十一万六千方里的地面，也有七百二十三种之多。香港出产的种类，若依据土地的面积比例来说，也不算少。因为香港仅有三百九十方里的地面，但是已经找到有野兰七十五种之多，所以很可骄傲。至少，香港出产的野兰，若依据土地面积比例来说，已经多过英伦三岛不知若干倍。因为英国本国的十二万一千方里的土地，仅生产野兰五十种而已。

据有过实地搜集香港野兰标本的人说，野兰花在香港分布的地域非常广泛，只要懂得去寻找，几乎随地可以找到许多种。凡是多草背日的山坡，以及大树根下、岩石的脚下、瀑布山涧的两旁，都是盛产野兰的地方。不过，生长在这些地方的野兰，都是常见和花朵小的。若是要找稀靓和花朵大的野兰，那就要向人迹罕到的悬崖峭壁和山顶上去寻。香港三千二百六十一尺高的马鞍山顶，就是一个出产野兰著名的地点。只要你爬上去，每年的任何时间，都可以有机会见到一两种野兰在开着花。此外，大帽山顶，扯旗山北面的峭壁，赤柱面海的悬崖上，都是盛产野兰的地点。

香港最常见的野兰，是一种开粉红花的竹兰，每年七八月间开花。另有两种常见的美丽野兰，则是本地人称为石仙桃和鹤顶兰的两种。后一种花朵很大，外白内黄，每一朵可以有四寸阔。

香港兜兰

◆ 开粉花的竹兰为兰科的竹叶兰，石仙桃和鹤顶兰详见"三月的野花"中图文。此外，香港还分布有大而珍贵的野兰——紫纹兜兰，又名香港兜兰（*Paphiopedilum purpuratum*）。

竹叶兰

香港的龟与鳖

太平山下的乌龟很多,可以见到的有海龟两种、水龟六种、泥龟三种,还有一种长尾尖嘴的大水龟,俗称大头龟,即所谓"呃倒大头龟"者是也。

鳖也属于龟一类。鳖与龟最大的区别,是鳖的头上有一层光滑的薄皮,龟的头上则是蒙着鳞甲的。海龟如玳瑁等的脚则成了鳍状,它们角质的嘴有时弯而尖,形如鹰嘴。

海龟在七八月间要爬到沙滩上来产卵,它们就是所谓绿头龟,身体非常庞大,有时一只可以重至四百磅。母龟总是在夜里上岸来产卵的,中国向来认为会作怪的千年癞头鼋,可能就是它们的同宗。本港南丫岛的沙滩,就经常有海龟在月夜上岸来产卵。香港市上时常陈列着等候"善长仁翁"买去放生的大乌龟,也就是它们。绿龟的卵和肉的滋味都是非常鲜美。英国和美国都有一种罐头的绿龟汤,价钱很贵,是老饕的珍品。这种大龟在南太平洋的海里最多,它们不过偶然会出现在香港附近的海中而已。

另一种较小的鹰嘴海龟,就是所谓玳瑁,这是广东特产,自雷州半岛直至海南岛都有。它们的甲壳可以制成各种装饰品,从前中国妇人最爱用玳瑁簪和玳瑁梳。

市上所卖的较小的淡水龟,都是生活在河边或是泥塘里的,这就是所谓金钱龟。肉的滋味不下于水鱼,这是富人的食品,许多人只是将它当药吃,平时是很少吃龟肉的。他们相信金钱龟肉能解毒，患花柳病的人就要吃龟苓膏。正因为这样，不仅做乌龟是一件不名誉的事，连吃乌龟也是不名誉的了。其实乌龟肉是很好吃的。

本地人呼鳖为水鱼，外江人则叫甲鱼或圆菜，都是水龟的一种。只是头上和甲壳上都有一层薄皮，脚趾上也有蹼。香港市上所卖的水鱼，都是小小的"金钱鳖"，全从广东运来；另有较大的称为"山瑞"，则是从广西来的。"凤足山瑞"和"清炖水鱼"是冬季的著名补品。

我说太平山下多乌龟，这话一点也不夸张。因为除了海洋生物学家在香港所著录的十二种龟类以外，香港还有一只乌龟，非常有名，它的行动简直同整个香港的生存有关。因为本地人传说香港海中有一只"神龟"，在海底沿了香港岛的山脚缓缓地爬着，香港岛是浮在水上的，如果这只"神龟"环岛爬满了一圈，香港岛便要"啯嘟"一声沉到海底去了 —— 这个神话使我想到香港近来对于填海工程进行的积极，或者至少有一点用处，那就是这工程最少也可以阻碍或延缓了"神龟"的爬行。

中华鳖

绿海龟

◆ 大头龟为平胸龟科的平胸龟（*Platysternon megacephalum*），又名鹰嘴龟；海龟为海龟科的绿海龟（*Chelonia mydas*）。鹰嘴海龟即同科的玳瑁（*Eretmochelys imbricata*），由于人类的捕杀，绿海龟已经濒危，玳瑁极危，两者都被列入国家二级保护动物。金钱龟即淡水龟科的三线闭壳龟（*Cuora trifasciata*）；山瑞鳖（*Palea steindachneri*）属于鳖科，生活在山区的河流、山涧、溪流和水潭中，这两种也被列入国家二级保护动物。小的金钱鳖指中华鳖（*Pelodiscus sinensis*）。龟鳖目的动物在中国整体状况都十分堪忧。

香港的大蜗牛

在香港的山边和花园里，甚至在路边上，时常可以见到一种很大的尖壳蜗牛。每逢雨后或是夜晚所见的更多。这种蜗牛是尖长形的，身体很大，每只起码有三寸多长，大的有时更可以长至四寸。它们最喜欢在黑夜爬出来，时常在路上给行人或车辆辗踏得粉碎。就是孩子们也喜欢将它们一脚连壳踏碎来玩。可是无论怎样摧残，总不能阻碍它们到处活动。

这是一种繁殖力极强的蜗牛，它们的原产地是非洲。本港有这种蜗牛出现，不过是近二十几年间的事，以前是没有的。据本港园林署所出版的关于这种大蜗牛的调查记录，本港第一次发现这种蜗牛，是一九四一年四月，地点是跑马地的山上。当时对海新界连一只都没有，可是过了不过十余年，它们的踪迹已经遍及港九新界，繁殖得已不可胜数。一九四六年至一九四七年之间，园林署曾发动园丁农人加以捕捉，在短短的期间内，就捉到二十三万六千余只，重量达一万六千余磅。

这种蜗牛在本港繁殖得这样迅速的原因，据说与日本侵略有关。原因在一九四一年春天第一次在本港发现这种蜗牛时，因为数量不多，并未加以重大的注意，接着就发生战争，于是在三年零八个月的沦陷期中，谁还会顾到蜗牛，便造成了它们绝对有利的繁殖机会。等到战后发现它们已经成了花木和农作物的祸害时，早已无法扑灭了。

这种非洲蜗牛，据说可以有十二年的寿命，一年以上就能产卵。它们是雌雄同体的，所以繁殖力特别强。每一只蜗牛一年能产卵三百枚，可以持续十年不断。它们在夏天雨季的食欲特别强，常能在一夜吃光一片园地的全部新鲜嫩苗。

非洲蜗牛的繁殖路线很有趣，约在一个世纪以前，它们借印度洋的毛里西亚岛作跳板，从非洲传到印度，后来从锡兰又传到新加坡，这是一九二〇年的事。到了一九三一年，连福建厦门也有了它们的踪迹。它们大都是由蜗牛卵附在各种植物上传入的。

非洲大蜗牛

◆ 香港的大蜗牛为非洲大蜗牛（*Achatina fulica*），又名褐云玛瑙螺，原产地为非洲东部，但由于被大量引进，目前已经广泛分布于亚洲、太平洋、印度洋和美洲等地的湿热地区，威胁本地同类物种，成为世界百大外来入侵种之一。

可怕的银脚带

香港出产的毒蛇共有六种，其中最毒的一种，俗名银脚带。全身黑白相间，自头至尾皆是如此，白色有时略带浅黄，腹部也是略带浅黄的白色。银脚带是一种毒性非常可怕的毒蛇，据专家实验的统计，银脚带的毒，比一般眼镜蛇要毒两倍，比它们同类金脚带更要毒过二十八倍。

银脚带原产印度，所以印度最多。据约瑟·法莱尔爵士说，曾有四个人打赌，说不怕这种蛇咬，于是他们特地用竹竿去拨弄一条银脚带，使它发威向各人轮流咬了一口。其时是在夜晚，结果第一个被咬者当夜就死去，第二第三人在次日清晨死去，第四人则经过一度垂危之后幸告无恙。第四人之所以不死，大约因为一口气连咬四人，毒液已逐渐稀薄减少的缘故。

银脚带在香港有咬死人的记录，据香港医官的记载，一九三二年正月曾发生过一宗。被咬死者是一个十五岁的少年。他在九龙钻石山捉到一条蛇，年少无知，根本不知道所捉的乃是一条最可怕的毒蛇银脚带，竟将它带回家中去玩弄，将蛇放进袖管里去玩。结果给蛇在手腕咬了一口，当天便死去。后来这条蛇被家人打死了，由警方送到香港大学生物学系去辨认，才知道是可怕的银脚带。计长三尺三寸。这长度是少见的，因为普通在香港被发现的银脚带，大都是一尺半到二尺半之间。印度记载的所发现的最长的一条，也不过四尺二寸。

银脚带是昼伏夜出的,白天几乎不能视物,非经十二分的挑拨激怒,它是不会轻易咬人的。上述的那一条忽然在少年的袖中噬了他一口的原因,大约就因为袖内光线黑暗,它便生猛起来了。

香港岛上的柏架山、九龙的荔枝角、海中的昂船洲,过去都曾被人发现过银脚带,发现的地点包括自海滨至山顶。所幸区域虽广,这种蛇并不繁殖,因此难得遇见。但它究竟太可怕了,在香港若是见了全身黑白相间的小蛇,千万不要冒失地去逗弄。

银环蛇

◆ 银脚带即眼镜蛇科的银环蛇(*Bungarus multicinctus*)。

大南蛇

《楚辞·天问篇》说:"灵蛇吞象,厥大何如?"俗话也有说:"人心不足蛇吞象。"蛇能吞象,这不过是文学上的一种想象。但非洲和印度的大蟒蛇,能够吞小牛和猪鹿,却是事实。

这种大蟒蛇,香港也有,不过没有非洲出产的那样粗大。有一年春天,沙田曾发现一条大蟒蛇,香港方面有许多人结伴去捉,没有捉到。后来给当地的村人捉到了,据说长九英尺,重三十几磅。

本地人称呼这种大蟒蛇为大南蛇,因为是南方出产的。又因为蛇的皮可以制乐器,所以又称琴蛇。京胡、二胡和三弦上所蒙的那一块蛇皮,便是南蛇皮。现在更有人用它们来制造银包、女人的手袋和皮鞋。香港、九龙便有好几家商店专门出售这类蛇皮的制品,并在橱窗里挂着整张的蛇皮。这些都是大蟒蛇的皮,不过它们并非本地所产,而是从暹罗等处运来的。在那些地方,豢养大南蛇取皮,已经同养鳄鱼一样,成了一种新兴事业。

蟒蛇在国内的分布区域,从华中以下,沿浙江、福建以至两广、云贵都有,其中以福建和广西最多,而且所产的蟒蛇也最大。从前上海亚洲文物会的博物院里陈列着一条大蟒蛇的标本,长二十英尺,就是从福建获得的。

南蛇并没有毒,它们的武器是运用粗大的身体紧紧地将对手箍紧,使其气绝而死。人类有时也会给它们缠得窒息死去的。它们对待较大的动物都是这样。若是蛙、兔等小东西，它们直接张开大嘴一口吞下去便完事。蟒蛇吞下了较大的捕获物后，便要在半睡眠的状态中盘起来休息，静待胃中食物的消化。

南蛇旧称蚺蛇，关于它有许多古怪不经的传说。邝露的《赤雅》说，琼崖的黎族人捉捕蚺蛇，惯将红色的妇人亵衣去引它，蛇见了便蟠伏不动。又说如蚺蛇身上共有三种胆：旱胆能疗目疾；水胆止泻；另有一种护身胆，能在身内随处走动，防护外来的打击。这些话都未必可靠。

香港的蛇店里也有南蛇出售。它们大都被关在铁丝笼里，蟠伏着不动，将一只铁丝笼塞得满满的。

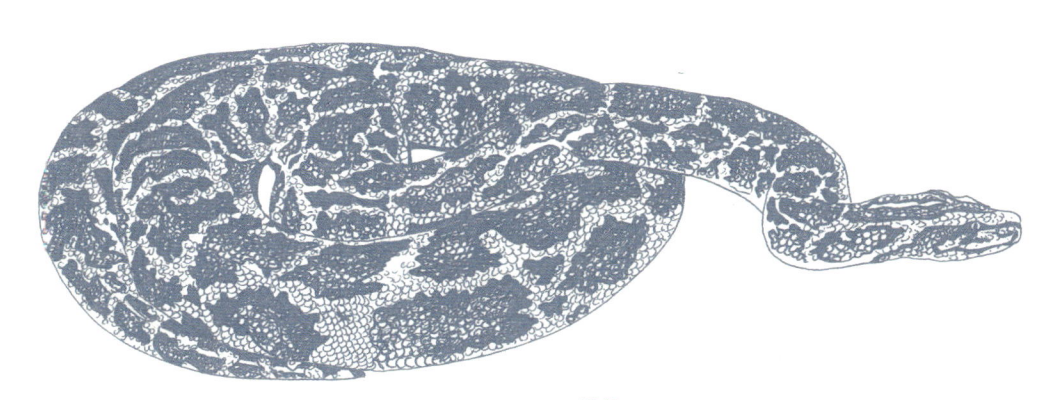

蟒蛇

◆ 大南蛇即蟒蛇，分布在香港的种类主要是缅甸蟒（*Python molurus*），现已被列入国家一级保护动物。

缘木可求的海狗鱼

在香港专卖海鲜的大酒家门口,不时可以见到有一种怪鱼,养在木盆或特制的喷水鱼柜里,多数同山瑞等养在一起,它的形状像大鳗鱼和乌鱼,周身有滑涎,可是有四只脚,像是一条小鳄鱼或是蛤蚧蛇。酒家称它们为海狗鱼,认为是很美味滋补的东西。

海狗鱼是两栖类,喜欢栖息在浅水滨或山边的溪水沟里,头部大而扁,两只眼睛很细小,前脚四趾,后脚五趾,全身乌黑色,有一条尾巴。那样子与其说是像小鳄鱼,不如说是像一条大蝌蚪。海狗鱼普通有二三尺长,大的可以长至五尺,形状实在很丑恶。香港、新界和大屿山的山涧里,也偶然可以捉得到海狗鱼,不过香港酒家出售的多来自国内。广东、广西、福建的山岭地带都出产海狗鱼,上海的黄浦滩和苏州河里也有。海狗鱼在中国的栖息区域分布很广,从山西西南部,四川,扬子江流域,以至贵州都曾经发现过,闽广一带更不用说了。

海狗鱼在中国方物志书上被著录得很早,旧时称它们为"魶",为"鲵",俗称孩儿鱼或娃娃鱼,认为是一种很神异的东西。《尔雅》释鱼说:"鲵,大者谓之。"注说:"今鲵鱼似鲇,四脚,前似猕猴,后似狗,声如小儿啼,大者长八九尺。"

《水经注》说："鲵鱼声如小儿，有四足。"郭璞注《山海经》，又称它们为"鰧"，说是声啼如小儿，故呼为"鰧"。但说得最详细可靠的是《益州方物略》，作者宋祁记西川所出产的这种"魶"鱼说："出西山溪谷及鸦江，状似鲵，有足，能缘木，其声如儿啼，蜀人养之。"又说："有足若鲵，大首长尾，其啼如婴，缘木弗坠。"

将这类的描写用今日所见的海狗鱼来对证，大都符合，可见从前人所认为怪物的魶或鲵，其实就是海狗鱼。甚至"啼声如小儿"，也不是杜撰的，因为将海狗鱼捉在手里时，它往往能发出"呀呀"的叫声。

在中世纪的欧洲，海狗鱼也被认为是一种怪物，称它们为"火蛇"（The Giant Salamander），说是能咬人致死，并且能避火。这是因为它身上有滑涎，对于小火确是不怕。身上又能排泄一种毒液，使一般的动物不致咬它，但并不能杀人。

海狗鱼有脚，能从水边爬上树捕食树蛙，所以，你有时可以在树上捉到海狗鱼。孟子认为不可能的"缘木而求鱼"，给这事实推翻了。

大鲵

◆ 海狗鱼不是鱼，是隐鳃鲵科的肉食性两栖动物大鲵，本篇所指的是中国大鲵（Andrias davidianus）。大鲵因为叫声像婴儿啼哭又被称为娃娃鱼。大鲵也为极危物种，是国家二级保护动物。大鲵主要以鱼类和甲壳纲类为食，栖息在清澈、低温的溪流或者天然溶洞中。

蚬与蠔

香港春天多雾，又多南风。南风一起，天气就"回南"，这时就潮湿得令人浑身不舒服。有时天空又降下浓雾，白茫茫的一片，似烟似雨，不仅模糊了视线，就是呼吸好像也被阻塞了似的。这是沿海一带春天常有的天气，海滨渔民称这种天气为"落蚬天"，因为他们相信海边所产的蚬，乃是在雾中从天空降下的。《广东新语》云：

> 白蚬多生于雾。每年春暖，白雾弥空，蒙蒙霖霖之中，土人知为白蚬落也，名落蚬天。白蚬者雾之屑也，雾白者曰南雾，南风之雾也。白蚬以春雾而生，以冬南风而熟，皆宜暄暖，若天盛寒则瘦矣。

《广东通志》也说：

> 番禺海中有白蚬塘，自狮子塔至西江口，凡二百余里，皆产白蚬。岁二三月，南风起，雾气蔽空，辄有白蚬子飞落，微细如尘。然落田中辄死，落海中得咸潮之力乃生，秋长冬肥，积至数丈乃捞取。

蚬有黄、白、黑三种，生在海中的色白，生在沙里的色黄，生在河泥里的色黑。黄蚬就是农历过年时所卖的"发财大蚬"，又名黄沙蚬。黑蚬最贱。

味道最好的是白蚬，它的壳薄而且白，所以称为白蚬。连壳用油炒，加一点辣椒酱，吃起来味道非常鲜美。

蚬的样子像是小的蛤蜊，又像宁波人爱吃的毛蚶，不过毛蚶壳上有高低的瓦楞纹，蚬壳则是扁圆光滑的。香港海边到处有蚬。从前九龙城海边未曾扩充为飞机场时，那边有一片很浅的泥沙滩，从宋王台脚下一直伸至海中。每当傍晚潮退时，附近田家的孩子们总喜欢赤了脚到泥滩上去摸蚬。

蚬是穷人的食品，所以你在酒楼上是吃不到蚬的。海边居民和水上人家，差不多将蚬当作主要的肉食，因为他们有时连小鱼也吃不起。

渔民相信春天下雾落蚬的原因，我想乃是由于潮湿而燠暖的雾气在春天宜于许多生物的滋长，因此蚬有了雾气便容易繁殖。广东乡下人有句谚语："饥螺饱蚬"，说是海边和河里螺多则荒年，若是蚬多则收成一定好。可见如果这年春天多雾，不仅白蚬会繁殖，就是农作物和其他东西也会繁殖的。

蚬又有咸淡水之分。它们也像蚝一样，有一定集中繁殖的地点，称为蚬塘。从前广东的地主们就视海滨和河边的蚬塘为自己的财产之一，每年重价佃给人家取蚬图利。

蚬的盛产季节，除了剥取蚬肉供食用以外，因为价廉，广东乡下人还用它来喂鸭和充蔗田的肥料。秋冬之交，海边有一种野鸭，专以蚬为食料，非常肥美，被称为蚬鸭。

除了白蚬、黄沙蚬之外，广东海中还出产一种有名的蚬，名金铰蚬，又名金口蚬。据说在南汉时代曾被刘铩列为御食，禁止民间采集。又有一种无耳蚬，出在韦涌，则是同南宋末年的小皇帝有关的。相传陆秀夫奉了帝昺来到韦涌，当地渔人进蚬。帝昺食而美之曰："惜不令其无耳。"于是韦涌出产的蚬从此便无耳。后来那个进蚬的渔人封了官，死后配祀将作大匠梁公庙中，称为蚬子丈人云云。这是传说，未必可靠。因为帝昺就是后来陆秀夫负在背上在崖门一同投海的那个小皇帝，他不过是个襁褓小儿，未必会懂得吃蚬的。因了这个南宋小皇帝曾在九龙大屿山以及广东滨海一带流亡过，所以，这些地方关于他的传说特别多。

广东还出产一种比蚬略大的介类，本地人称之为蠘，据说闻雷则生，所以称为蠘。同蚬蚝一样，都可以种的。种的海滨地方名为蠘田，番禺一带最多，在冬天最肥。采蠘的人在泥滩上用脚向泥中摸索，碰到有蠘就拾起来，谓之踢蠘。

广东人吃喜欢先将蠘肉起出来，同其他的配料着在一起，然后再酿入蠘壳内，蒸熟了吃，称为酿蠘。这是乡土食品，据说以新会最有名。以前香港就有一家小食品商店，有特制的家乡风味的酿蠘出售。除此以外，蚬肉也可用这方法起出来制成酿蚬。

与蚬蠘相似的蚶，被宁波人视为珍味的，广东人则很少吃。近来香港上海店里出售的蚶子，号称宁波毛蚶，其实是从潮汕近地运来的，所以价钱不贵。蚶子是用滚水一烫就生吃的。不知怎样，广东食家可以吃鱼生，对于鲜血淋漓的蚶子却不感兴趣。其实，惠潮一带有蚶田，出产蚶子很多，旧时称为天脔，因为可以生吃不必烹调，滋味很甘，所以称为蚶子。可见广东有些地方也是喜欢吃蚶的。

蚬蚶一类的东西，在滨海一带地方多而价廉，味道却鲜美，可说是穷人的口福，但旧时连这样贱价的东西也吃不起的人尽有。广东从前有名的清官何经有一个笑话。据说他罢官乡居，门前有卖蚬的经过，偶思食蚬，可是探囊无钱。夫人嘲之曰，何不书"清"字售之，何大笑而止。

蚬与蠘

蚬

蟧

血蛤

◆ 蚬是双壳纲帘蛤目蚬科水生软体动物的统称；蟧是比较大个的蚬，具体种类无法考证。

啄木鸟

据说全世界的啄木鸟共有二百五十种之多。中国可以见到十八种，有十二种是独有的，马来亚可以见到的也有二十五种。但是香港所能见到的啄木鸟仅有一种，是属于福建区域特产的野鸟，被称为"福建青灰啄木鸟"。它们只栖息在新界屏山林村谷一带多树木的地方，不常飞到香港岛上来。这种啄木鸟是青灰色的，雄的头上有一撮红毛，雌的没有。多数的啄木鸟都是头上或两颊有红毛的，有的尾下也是红的，这是它们的特色之一。

啄木鸟是一种古怪而有趣的小鸟。它的生活方式最特别，喜欢攀在树干上用它的铁嘴将树身啄得发响，一连串"啪啪"的响声。你在树林中如果听到这种像是木匠敲木板的响声，循这声音去找，很容易就可以在树干上见到它。尤其是头上的那一块红色容易惹人注意。它们会全身贴在树干上，"啪啪"地啄一阵，然后向上爬几步，有时又会向下倒退。

啄木鸟就靠这方法，从树皮的下面和枯朽的树芯里，找昆虫和昆虫的幼蛹来维持生活。因为要靠一张嘴来生活，它的嘴生得特别长而利，是锥形的，所以能啄开树皮。它的舌头也很长，尖端还有倒刺，可以从树身的裂缝里将昆虫钩出来。为了适应这特殊的生活方式，啄木鸟的颈部也生得强劲有力，以便可以灵活地接连啄树而不疲倦。它的脚上仅有四趾，攀在树上时两趾在前，两趾在后，可以非常平稳。它的尾羽是像鹅鸭的翅羽那样有弹性的，攀在树上时便用这种有力的尾巴抵着树干，借以维持平衡。

中国古称啄木鸟为鴷，又名斲木。说它会画符咒，所以能够吃到树里面的蠹虫。《博物志》云："此鸟能以嘴画字，令虫自出，今闽广人巫家收其符字以收惊疗疮毒。"又说它会在地上以爪画符印，树穴自开。小偷就模仿它所画的符印去偷启人家的锁钥。这些传说虽然很有趣，可惜是无中生有，而且抹杀了啄木鸟攀在树上逐处找虫吃的辛苦。更荒唐的是因为啄木鸟能够啄树取虫，旧时走江湖的郎中，更用它烧灰来医治人家的牙痛，说是能治牙中的蛀虫。

另有一种与啄木鸟相似的小鸟，也喜欢攀在树干上，时常侧着头像是倾听什么似的，因此俗名"歪脖"。其实它并不啄食树里面的其他昆虫，而只是啄食树干上的蚂蚁。

灰头绿啄木鸟　　　　　　蚁鴷

◆ 啄木鸟是啄木鸟科一类鸟的统称，本篇所述的福建青灰啄木鸟可能为灰头绿啄木鸟（*Picus canus*），又名山鴷、山啄木；"歪脖"指的是啄木鸟科的蚁鴷（*Jynx torquilla*），它们在啄木找虫的时候会不断地扭动脖子。两种啄木鸟都以昆虫为食。

香港的海鲜

香港的海鲜是有名的。对于吃海鲜,香港人有两句俗语:欲吃海上鲜,莫计腰中钱。这是说海鲜的时价不同,随了气候节令,海鲜的大小和捕获的地点,以及"生猛"的程度而异,因此代价是无法预算的。

本来,所谓海鲜,应该包括鱼虾蟹介,凡是可吃的海产都可以称为海鲜,但现在本地人提起海鲜,大都是指鱼虾,甚至仅指鱼而言。譬如酒家在报上所刊的酒菜广告,其中有一项便是"原条海鲜,足一斤十两",这就简直将海鲜两字作为鱼的代名词。而这里所说的鱼,又往往仅是指石斑而言。

石斑可说是香港海鲜的代表,是香港出产的咸水鱼之中最享盛名的一种,那模样颇与江浙有名的"桃花流水鳜鱼肥"的鳜鱼相似,因此在外江人眼中看来也不陌生,也对它有了好感。这益发造成了石斑的地位。凡是初到香港来的外江人,一定会自动地或被朋友请去试一试香港的著名海鲜滋味,而所尝到的第一样往往总是石斑鱼。于是石斑自然就成为香港海鲜的代表了。

其实,石斑在本港的海鲜之中,并不能算是真正的上品。香港人吃鱼,有一句经验之谈的口诀:第一鲘,第二䱽,第三马家郎。马家郎是指马头鱼。这都是认为味道好的家常吃的咸水鱼,其中并未提到石斑。至于真正上品的海鲜,有人认为应推比目鱼类的龙脷、七日鲜等。卖鱼的行家和吃鱼的行家都是这样说,它们平时在鱼枱上的价格也比石斑高。海鲜的首席根本轮不到石斑。

据酒楼中人解释，造成石斑鱼这样有名而畅销的原因，是因为石斑肉多刺少，味道也不错，而且产量多，四季皆有，并且性长耐活，养在鱼池里多天还很生猛，同时价钱又不太贵，对于卖家和吃客方面都合算，所以，一般人吃起海鲜来总是来一条清蒸石斑了。

就石斑鱼本身来说，它们也有许多不同的种类。在香港仔的海鲜艇上，艇家会指着养在鱼笼里的石斑告诉你说："这是红斑，那是花狗斑，另一条是苏鼠斑，又有七星斑、泥斑、黄钉斑，还有闻名难得见面最名贵的老鼠斑⋯⋯"名目很多，使你眼花缭乱，看不清楚也记不清楚，价钱也各自不同。结果只好由他给你选一条，由他索价。这也正是"欲吃海上鲜，莫计腰中钱"的另一原因。

海鲜中的鱼鲜，本地行家认为最上品的乃是"七日鲜"和龙脷，它们的模样都同挞沙鱼差不多，是比目鱼类。因为是栖息在深水底的，所以肉味非常嫩滑细腻。将七日鲜的肉同石斑的肉一比，恰好似将石斑同红衫鱼比一般，不比犹可，一比便觉得石斑虽然滑嫩过红衫，但比起龙脷和七日鲜，便相差很多了。七日鲜一类的名贵海鲜，不是一年四季在街市的鱼枱上所能买得到的。尤其是活的，几乎仅有香港仔的海鲜艇上才偶然有。因此价钱也就成为"时价"了。

鱼也有肥瘦。石斑多肉，龙脷味鲜，但它们都少油。喜欢吃肥鱼的，则推荐鲍鱼和青衣。鲍鱼有时也写作鲳鱼，样子颇似淡水产的边鱼。有花边鲍、白鲍、鸡笼鲍、黑鲍等等的分别，肉很厚，少刺，有油，味道非常腴美。无论清蒸、油煎和红烧，都各有千秋。就是葡萄牙人的烟鲍鱼，吃起来也别有风味。

青衣的模样颇似鲤鱼，而且都是大条的。它们色泽很美丽，青绿而带翠蓝，我们可以随时在专售海鲜的酒家门前的玻璃养鱼柜里见得到。另一种与青衣相似的鱼，红头钩嘴，色彩比青衣更美丽，俗名鹦哥鲤，价钱比青衣较廉。据说有些酒家时常用鹦哥鲤来冒充青衣。因为这两种鱼活的时候虽有点分别，但煮熟以后便不容易看得出了。

同是青衣鱼，艇家又将它们分为牙衣、石蚌、冧蚌多种，据说其中以牙衣为最上品。我虽吃过多次青衣，但并未吃过牙衣，所以在这里也是姑妄言之而已。

有一种类似石斑的大鱼，名为龙趸，也是常被人提起的海鲜。酒家的菜牌上经常有炆龙趸头、炆龙趸翅供客。龙趸是每条有几十斤甚至百余斤重的大鱼，肉很厚，颇似外江产的鲟鳇鱼。若是外江佬吃海鲜，叫酒家来一条整条的红烧龙趸，便要闹大笑话了。

在香港吃海鲜，烹调方法以清蒸为上，因为只有生猛鲜活的鱼才有资格可以清蒸，吃起来自然滋味鲜美。其次是红炆，近于外江人的红烧，但没有那么味浓。至于用白汁茄汁或蘸了面包粉油炸，那是西洋的吃鱼法，已不足谈吃香港的海鲜了。

香港市价最贵的海鲜——老鼠斑（据唐英伟氏所绘标本）

◆ 石斑鱼是鲈形目鮨科石斑鱼亚科鱼类的统称，红斑、花狗斑、苏鼠斑、七星斑、泥斑、黄钉斑等均为不同种类石斑鱼的俗名。最名贵的老鼠斑为驼背鲈（*Cromileptes altivelis*）；青衣鱼为隆头鱼科的舒氏猪齿鱼（*Choerodon schoenleinii*）；有几种石斑鱼都被称为龙趸，有鞍带石斑鱼（*Epinephelus lanceolatus*，又称花尾龙趸）、黑斑石斑鱼（*Epinephelus tukula*，又称金钱龙趸）、鲈滑石斑鱼（*Epinephelus tauvina*，又称巨石斑鱼）等种类。

香港的海鲜

斑带石斑鱼

青衣

市场售卖的杂交石斑鱼

穿山甲——香港动物界的冤狱

中古时代的欧洲人，认为蛤蟆能终年不食，形状丑陋，一定是一个怪物。"怪物"是人的敌人，因此也是神的敌人。于是一个人的家里有了一只蛤蟆，或者恰巧有一位喜爱小动物的老太太养了一只蛤蟆，她便要毫无问题地被宗教裁判法庭当作异端者来活活地烧死，而蛤蟆就是她的最重要的罪证。其实蛤蟆吃蚊虫，是人类的好朋友，可是我们至今仍有人憎恶蛤蟆和青蛙，这实在是动物界的莫大冤狱。

动物界的另一个冤狱的受害者，乃是香港所出产的穿山甲。穿山甲的形状很古怪，又喜欢生活在地底下，于是香港的人，尤其是新界的农人，他们相信穿山甲在地底下掘地道、挖穿坟墓，专门偷吃死人的尸体，因此见了穿山甲就捕杀，连用法令来制止也无效。其实穿山甲根本没有牙齿，它专以白蚁的幼蛹为食，是用它那特有长舌去舔食的，而白蚁正是香港物业的最大敌人。穿山甲在地底下活动的目的就是搜寻蚁穴，可是香港的人却说它想吃死人的脑髓，你说这冤枉不冤枉？

新界出产的穿山甲很多，就是香港岛的山上边偶尔也会发现。它是亚洲现存最古怪的原始哺乳动物之一。在动物学上名为有鳞甲的食蚁兽。中国旧名鲮鲤，亦作陵鲤，又名龙鲤，用它身上的鳞入药，据说可以治小儿惊风啼哭、妇人邪迷、肾亏耳鸣等症。价钱很贵，这也是中国乡下人喜欢搜捕穿山甲的原因。李时珍的《本草》上说："其形肖鲤，穴陵而居，故曰陵鲤，而俗称穿山甲。郭璞赋谓之龙鲤。《临海记》云，尾刺如三角菱，故谓石鲮。"

穿山甲形状与犰狳很相似，但全然是两种东西。犰狳仅产于西半球，穿山甲仅产于东半球。亚洲出产的穿山甲共有三种，香港所出产的是属于三种中国变种之中的一种。它与犰狳最大的区别，就是犰狳的鳞甲是角质的，穿山甲的鳞甲则是由硬毛胶结在一起而成。穿山甲没有牙齿，不能咬物或吃硬的东西，但有一条长而尖的舌头，可以伸出嘴外很远，迅如闪电。它的尾巴虽然披满鳞甲，但是能缠卷自如，这是它爬树时的辅助工具。穿山甲的脚爪非常尖锐有力，因此是掘地道的能手。它为了搜寻蚁穴，能深入地底或爬到树上。一发现蚁穴，就用它那长舌头闪电似的舔食蚁穴的幼蛹，它并不吃长成的蚂蚁。

一只长成的穿山甲，可以头尾长至三尺，鳞甲是紫褐色，尖端略带灰黄。面部和身上无鳞部分，是略带粉红的白色，腹下有毛部分是淡红的沙土色。穿山甲的自卫能力很薄弱，遇有危险时，使用尾巴遮掩头部，缩成一团，用浑身的鳞甲来保护自己。

穿山甲在香港是受保护动物法令保护的，不许捕杀或售卖，因为它能扑除白蚁。可是乡下人仍见了它就捉，偷偷地将它出售，卖给人当药料或补品。

穿山甲

◆ 穿山甲是鳞甲目穿山甲科哺乳动物的统称。穿山甲是目前全世界最常被走私买卖的哺乳类动物，中华穿山甲及马来穿山甲在世界自然保护联盟的红色名录中的保护级别均提升至"极危"，共 8 个物种，均面临绝种威胁。分布在香港的为中华穿山甲（*Manis pentadactyla*）。

菩提树，菩提纱

菩提本无树，明镜亦非台。本来无一物，何处惹尘埃？

据说这是禅宗六祖惠能所作的明心见性的偈语，用来答复上座僧所说的"身是菩提树，心如明镜台"的。因为上座僧将自己比作菩提树，六祖却能更进一步说"菩提本无树"，比他见得更彻底，因此能接受了五祖的衣钵。但我们是俗人，不能领会禅意，所以仍只好在这旦谈谈身外之物的菩提树。

菩提树当然以广州光孝寺六祖殿前的最有名。但香港也有菩提树，植物公园里有，大坑上面的居士林也有一棵。我想香港的其他园林里一定还有，只是我们不曾有机会见到过。

菩提树很高，树干似榕树，许多枝干会缠在一起，结成一个粗大的树身。树叶则似肥大的桑叶，不过比桑叶更圆。这种树的原产地是印度，是随着佛法传入中国的。相传释迦牟尼就坐在这种树下得道，证菩提果，所以名为菩提树，是佛家的护法树。菩提树还有许多别名，如阿沛多罗树、阿输陀树、毕钵罗树。这些名称与"菩提"两字一样，都是梵语的译音，据说就是"道"的意思。

在植物分类上，菩提树是与榕树同科的。著名的班逊姆氏的《香港植物志》，其中列举了十几种与榕树同科的树木，可惜所用的都是拉丁学名，不知哪一种才是我们中国人所说的菩提树。

广州光孝寺六祖殿前的菩提树，相传原本是六朝时智药三藏法师从印度携来种植的。但是今日所见的一棵，已非原物，因为原树已经在清嘉庆二年（公元一七九七年）六月给台风吹倒了。后来从南华寺分植了一枝过来，这就是今日所见的一棵。但南华寺的菩提树，原本也是从六祖殿前的那棵原树分植过去的，所以渊源有自，仍是一脉相传。据说传入中国的菩提树，以广州光孝寺的那一棵为祖。今日各地所有的菩提树，都是从这棵辗转分植出来的。

菩提树的叶子，有一特色。将它浸在水里若干时日后，漂去叶上的绿色成分，仅剩下纤细的筋络，宛如薄纱，俗称菩提纱。可以在上面写字，可以作画，又可以嵌作窗纱或灯纱，和尚往往制了送人，又可以卖钱。从前广州六榕寺里有好几棵菩提树，寺里的和尚就将这种洗干净了的菩提叶摆在花塔下卖给游人。香港的文具笺扇庄也有出售。这东西可以夹书，配了镜框，也可以挂在墙上。

菩提树叶

◆ 菩提树（*Ficus religiosa*）是一种桑科的榕树，原产于印度、中国西南部以及中南半岛。菩提树的叶子呈心形，有一个明显延伸的顶端尾尖，洗去叶肉则可得到清晰透明、薄如轻纱的网状叶脉，故名曰"菩提纱"，常被制成工艺品。

美人鱼

香港人喜欢称女游泳健将为"美人鱼"。夏天到了，就是美人鱼活跃的季节。香港是以出产美人鱼著名的，曾经发现过两条。熟悉水国沧桑的人，谈起她们的历史，都能够如数家珍。

这种美人鱼，可说是名副其实的美人鱼，因为她们将传说中的东西兑现了。所差者，只是她们是人而鱼，不是鱼而人而已。至于传说中的美人鱼，则除了雌的以外，还有雄的，实在不便一律称为美人鱼，最好还是称她们为人鱼。《新安县志》卷三《物产志》云：

> 人鱼长六七尺，体发牝牡如人，惟背有短鬣微红，雄者名海和尚，人首鳖身，无甲。雌者为海女，能媚人，舶行遇者必禳解之。谚云，毋逢海女，毋见人鱼。此盖鱼而妖者。

所谓海和尚，大约就是和尚鱼，据《三才图会》说："东洋大海有和尚鱼，状如鳖，其身红赤色，从潮水而至。"

记载这种传说中的人鱼故事，最美丽的是《瓯异记》。据说待制查道，奉使高丽，晚泊一山而止，望见沙中有一妇人，红裳双袒，髻鬟纷乱，肘后微有红鬣，查命水工以篙投水中，勿令伤。妇人得水偃仰，复身望查拜手，感恋而没。水工曰，某在海上未曾见，此何物。查曰，此人鱼也。

相传大屿山从前有以渔为生的水居民族，名曰卢亭。屈大均说他们就是人鱼，见《广东新语》：

> 有卢亭者，新安大鱼山与南亭竹没老万山多有之。其长如人，有牝牡，毛发焦黄而短，眼睛亦黄，面黧黑，尾长寸许，见人则惊怖入水，往往随波飘至，人以为怪，竞逐之。有得其牝者，与之蟠，不能言语，惟笑而已。久之能着衣食五谷，携之大鱼山，仍没入水，盖人鱼之无害于人者。

人鱼的传说，中外都有。丹麦的安徒生有一篇著名的童话，就是以传说中的人鱼为题材的，写得极为美丽。这种海上传说中的生物，据现代海洋生物学家的研究，认为可能是从前的航海家见了海中一种海牛误会而起。这种海牛日本人名为"儒艮"，栖在印度洋直至澳洲沿岸，体黑胸白，雌的胸前一对乳房很发达，它们像鲸鱼一样是海中的哺乳动物。雌的能用前鳍抱着幼儿在胸前哺乳，又喜欢抬高半身出水面来游泳，所以远远望来很像是哺乳的妇人。也许就是这种东西被东方的航海家辗转传述，变成美人鱼了。

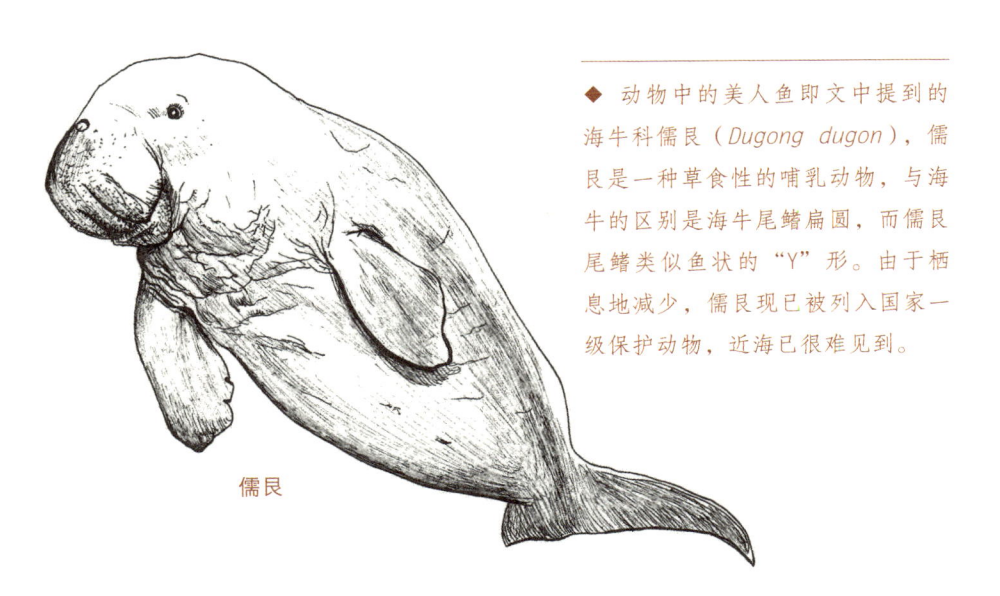

儒艮

◆ 动物中的美人鱼即文中提到的海牛科儒艮（*Dugong dugon*），儒艮是一种草食性的哺乳动物，与海牛的区别是海牛尾鳍扁圆，而儒艮尾鳍类似鱼状的"Y"形。由于栖息地减少，儒艮现已被列入国家一级保护动物，近海已很难见到。

大树波罗

前几天游大埔的康乐园,在进门的大路旁发现有波罗树甚多,一共有十余棵,有几棵结实已经大如枕果,这才知道在香港可以见到的波罗树,除了植物公园的一棵以外,原来这里竟有这许多。(植物公园的波罗树,长在俗称花园仔近坚道的山边。)

波罗树即波罗蜜树,所结的实即波罗蜜,俗称大树波罗,与我们所常见常吃的波罗全然是两种东西。大树波罗生在高大的波罗树上,每一个大如西瓜,外壳青绿色,生满了软刺。波罗则是凤尾梨,南洋人称为黄梨,虽然也有结实很大的,但总是草本像椰菜、番茄一样成排种在田里,俗称波罗田。外江人没有见过生在田里的波罗,以为波罗一定是生在棕榈一类的树上,这实在是误解。波罗叶有刺如锯齿,一丛一丛如仙人掌似的生在地上,波罗就生在正中。新摘下来的波罗顶上,每每残留着一丛鸟羽一样的嫩叶,此即"凤尾梨"这名称的由来。

波罗蜜是佛家的名词,亦称优钵昙。俗传波罗树不花而实,有时也会开花,但极难见,所以佛经称优钵昙花为难得的盛事。广东的波罗树,从前以番禺南海神庙前两棵最有名。南海神庙的俗名就称为波罗庙,庙前的水也名波罗江。

波罗蜜的原产地是印度,波罗庙前这两棵波罗树,相传是六朝时有外国贡船来到南海，使者携来波罗籽，上岸种植，后来贡船忽然扬帆走了，剩下这个使者，"其人望而悲泣，立化庙左，土人以为神，泥傅肉身祀之，一手加眉际作远瞻状，即达奚司空也"（见《广东新语》）。这座达奚司空泥像，至今仍在，不过已经残破了。至于那两棵古老的波罗树，因为这许多年不曾去游过波罗庙，不知现状如何。

南海神庙的波罗树，相传为岭南所有波罗树之祖。今日各地所植的波罗树，都是直接或间接从这两棵树分出来的。

波罗树很高大，叶子有光泽，像是冬青或橘树的叶子。树干有一特点，自根以上周围生着小枝叶。波罗蜜并非结在树顶上的枝干上，而是结在树身上的那些小枝叶上。有时两三枝结在一起，小时长圆形如小杧果，成熟后可以大如斗，周身有隆起的软刺，古人说它如佛头上的螺髻。子囊像石榴一样的合百数十粒为一球。味道香甜浓郁，肉可以吃。每一粒的子核像栗子一样，也可以吃。

波罗蜜

◆ 大树波罗即桑科波罗蜜属的波罗蜜（*Artocarpus heterophyllus*），聚花果呈球形，大而味甜，种子炒熟后也可食用。

苦恶鸟的传说

苦恶鸟的别名很多,古人称它为"姑恶",又名苦鸟。北方人称为苦哇鸟,又称苦娃子。它是秧鸡的一种,广东人称为水鸡。

苦恶鸟是水鸟,动物学家称它们为"中国种的白胸水鸡",是中国民间传说最多的野鸟之一。它的土名叫来叫去总离不了"苦"字,就与这些民间传说有关。

苦恶鸟是出产在南方的鸟,从我国的福州以南,直至缅甸、印度和南洋都有,因此香港也是它们的栖息地之一。它们有时在夏天会从炎热的南方飞到长江一带去避暑。这时正是它们不停"苦苦"地叫着的季节。这也就是沿江各省发生关于苦恶鸟各种传说的由来。

苦恶鸟的传说虽多,但平常总不大容易见到。这是因为它们不喜欢高飞,又不栖息在树上,而是藏身在河边或低洼地方的草丛中。虽然喜欢不停地苦叫着,但是一听到有声响,就寂然贴伏在草丛里不动,所以很难有机会见到它们。只有偶然在稻田或低地上觅食,无意被人撞见了,它就一溜烟窜入草丛中,你这时才有机会可以看见。但有许多人,又不会知道这就是有名的苦恶鸟。

苦恶鸟的形状像一只瘦瘦的母鸡,脚长尾短,全身约十一二英寸长,头尖嘴长,嘴端绿色,嘴角有一段红色,背上是灰色,胸上白色。我国向来说苦恶鸟是一种黑色的鸦状水鸟，大约就是匆促一瞥之间所获得的不正确的印象。香港新界一带的水田和小河岸边有很多苦恶鸟，时时要出来觅食，如果我们到郊外去旅行，只要略为留意，很有机会可以见得到。苦恶鸟喜欢夜里叫，声音单调迟缓，"苦哇——苦哇"，时常整夜叫个不停。

关于苦恶鸟的中国民间许多传说，可以归纳成两大类：一类是说这种鸟为一个苦媳妇所化，被恶家姑磨折虐待而死，化为怨鸟，所以叫起来总是"姑恶姑恶"；苏东坡、陆放翁等人都有咏姑恶诗，可见宋朝已经有了这传说；另一类传说则与这恰恰相反，说是不孝妇所化。相传有盲目老家姑，儿子出外，媳妇厌恶她，又欺她年老目盲，以蚯蚓拌饭给她吃，骗说是鳅鱼。后来给儿子回来看见了，赶走媳妇，她就化为苦恶鸟，要苦叫整夜，才可以在河边得到一条蚯蚓来充饥。

这些传说都很凄恻，反映了中国旧礼教和封建家庭的生活阴暗，再加上它的叫声确是"苦哇苦哇"地很难听，所以在黄梅天气一听到这种水鸟的叫声，实在真能使人愀然不乐。

◆ 苦恶鸟属于秧鸡科苦恶鸟属，又称白腹秧鸡，在香港常见的是白胸苦恶鸟（*Amaurornis phoenicurus*），栖息在湖沼、池塘、河岸边，会发出"苦哇苦哇"的大叫声。

白胸苦恶鸟

幼细的铁线蛇

乡下人在春天翻土锄地，时常会从土中发现一种小蛇，身如蚯蚓，但是行动比蚯蚓灵活得多。这就是本地人所说的铁线蛇，又名盲蛇。

铁线蛇很小，至多仅有三四寸长，身体像蚯蚓那么粗，但是尾巴特别尖细，这是它的掘地工具。铁线蛇像蚯蚓一样栖息在地下泥土中的，它的尖尾巴就是一具效果十分优异的掘土机。

栖息在土中的小动物，因为少见日光，不需要目力，因此虽然有视觉，也等于是盲目的，如田鼠等都是。铁线蛇之所以又名盲蛇，就因为它的细小眼睛，给头上特别发达的鳞甲遮住，几乎不能视物，所以称为盲蛇。

铁线蛇的身体特别光滑。普通的蛇类，从头至尾用手摸下去，光润柔软，可是从下向上摸来，因有鳞甲关系，便成了披逆鳞了。但是铁线蛇无论顺摸逆摸，都光滑异常，这就是它们被称为铁线蛇的原因。

许多蛇都是卵生的，仅有少数蛇类是胎生的，小小的铁线蛇便是胎生蛇之一。所以农人掘土，往往一锄掘下去，能掘出整巢的铁线蛇。

铁线蛇是无毒蛇，而且因为太小，又盲，根本不会攻击人。可是本地人很怕铁线蛇，认为如果不小心给铁线蛇缠住了手指，这根手指一定要断，否则它是不肯松开的。我们对于蛇类本来有许多不可靠的古怪传说，铁线蛇能缠断人的手指，正是这种传说之一。

铁线蛇因为头小无目，粗看起来不易分辨头尾，从前曾被人误认为两头蛇。《续明道杂志》云：

> 黄州有小蛇，首尾相类，因谓两头蛇。余视之，其尾端盖类首而非也。土人言此蛇老蚯蚓所化，无甚大者。其大不过如大蚓，行不类蛇，宛转甚钝。又谓之山蚓。

根据这描写看来，可以断定它们毫无问题就是铁线蛇。

盲蛇

◆ 铁线蛇即盲蛇，是盲蛇科蛇类的统称，生活在地下，体形小而细。盲蛇并非没有眼睛，而是眼睛被鳞片所覆盖。

幼细的铁线蛇

芋姆芋仔

中国人对于芋的尊重,远在薯仔、番薯之上。虽然同是大众的杂粮,但是芋却列入山家清供,与笋蕨、菰蒲一样,成为斋食的妙品。中国旧小说里就时常有"深山古寺,老僧拥絮煨芋,向热衷名利的来客谈禅"的场面。这是真的,将干爽的小芋头埋在热炭灰中煨熟,剥了皮来吃,甘香清淡,这种滋味实在不是热衷名利之徒所能领略的。在香港八月十五要用红芽芋仔拜月,人们喜欢先期买了芋仔在太阳下晒干,拜过了月宫就连皮煮了,剥皮点砂糖吃,滋味也不输于煨芋。

香港街市上出售的芋头种类很多。北方人所常吃的芋,颇近于本地的红芽芋仔,通称芋艿。据说这就是古时所称青芋。但香港除了红芽芋仔以外,还有白芽芋仔,此外还有槟榔芋和荔浦芋。后两种每个都很大,有时一颗有几斤重。槟榔芋切开来有槟榔花纹,所以称为槟榔芋,吃起来最粉最香。

广东的芋很有名,方书上说有十四种之多,春种夏收者为早芋,夏种秋收者为晚芋,它们与早稻、晚稻并登,乃谷米之佐,所以俗称"大米"。据屈大均说,"广芋之美者,首黄芋,次白芋,次红芽芋,皆小,唯南芋大"。南芋色紫生沙,甚可食。而白者尤良,又有银芋,苗茎莹白,与叶皆可生食。

芋的叶子很大,盛夏时看来恍如荷叶。不仅银芋的茎叶可食,就是荔浦芋的粗梗,剥去了外皮,里面的梗芯也可以腌酸或是炒来吃。香港山边另有一种野芋，地下的根茎不发达，可是叶子很美丽，有些上面还有细碎的红点，因此有人拿来作盆栽。就是普通的芋头，也有人拿来栽在大瓦盆里放在墙头上的。

本地人称大芋头为芋嫲，这个名称虽与上海人的芋艿发音相近，其实意义却不同。芋嫲乃是指大的芋母，上海人所说的芋艿，"艿"字是"奶"之讹，这是本地人所说的芋仔，芋仔是附在芋嫲上的。

广东人过年，将槟榔芋切成细丝，用油炸成一饼一饼的称为芋虾。平时则多数将芋嫲当菜吃，如扣肉、煮鱼，多以芋嫲作配，很少当点心吃。上海人则喜欢用糖煮芋艿，像广东人的番薯糖水那样，称为糖芋艿。

芋头

◆ 芋（*Colocasia esculenta*）是天南星科的植物，可食用部分是球状地下茎。文中提到的芋都是芋的不同品种。

薯仔和番薯

薯仔和番薯最大的区别，乃是前者一定要煮熟才可以吃，后者却可以生吃。两者都是从外国传入的，并非中国原生的植物，可是在中国久已滋生繁殖得非常普遍，已经渐渐化为中国本土的东西了。像葡萄、胡桃、胡瓜、胡萝卜一样，只是在名字上还残留着外来的痕迹而已。

香港近年经常有大批从内地运来的薯仔。这是我国西北边疆的土产，不远千里横断了大陆，运来供应香港民食的。薯仔本是南美洲的土产，十六世纪时始由荷兰的航海家带到欧洲，然后逐渐传播到全世界。香港人至今仍呼薯仔为荷兰薯，就说明了它的最初来源。北方人呼薯仔为土豆儿，它们在东北和蒙古一带接壤的地方繁殖得最早也最多。这就说明了为何辽远的西北能有薯仔运来供应香港的缘故。那里的居民像欧洲人一样，也以薯仔为日常主要的副食，正如长城以南的人吃麦、黄河以南的人吃米差不多。北方人不像上海人那样称薯仔为洋山芋，而称它们为土豆儿，就因为久已吃惯了这东西。

番薯据说是由葡萄牙人在明末才传入中国的，但中国人对于它的爱好，比对薯仔更甚。我想这原因，可能是由于它们从田里掘起来就可以往嘴里送，成为贫民的恩物，是杂粮之中最普遍的一种，并且是荒年唯一的救星。

番薯在华中一带最繁殖，比在华南和华北都更为普遍。香港人还在它的名字上保留一个"番"字，但北方人就干脆称它们为薯，白皮的为白薯，红皮的为红薯。上海人称它们为山芋，以别于不能生吃的洋山芋。

番薯在长江一带最被重视，这一带出产的都是红薯。旧时江北的穷人，如果年荒没有"饭"吃，只好四处逃荒。若是年成好有"饭"吃，所谓吃"饭"，事实上也只是长年吃红薯。若是红薯汤里能放一把米，那就等于香港人吃腊味饭或是煲鸡饭了。长江上游的人对于番薯的称呼更古怪，如江西和湖北人就称番薯为苕，他们骂人为"萝卜苕"，就等于香港人的"傻瓜"。

香港所卖的番薯，有红心番薯和白皮番薯之分。另外还有一种槟榔番薯，煮熟后是紫色的。广东人喜欢煲番薯糖水，很少将番薯生吃的。事实上，香港的番薯根本不宜生吃，不像上海的红心山芋那样，削了皮就成了很好的水果。香港人更不吃烘山芋，想来是怕热气。但是在北京，烤白薯是冬天街头有名小吃之一。价廉物美，可以果腹，可以握在手里取暖，是一举两得的好东西。

土豆

番薯

◆ 薯仔即茄科植物土豆（*Solanum tuberosum*），也称马铃薯、阳芋，可食用部分是块状地下茎。番薯（*Ipomoea batatas*）是一种旋花科植物，又名甘薯、红薯、山芋、番芋、地瓜、红苕、白薯，可食用部分为块根。

薯仔和番薯

外江鳄鱼

我国所出产的动物，为外国动物园所特别需求的，除了有名的熊猫以外，还有一种鳄鱼。这种鳄鱼所指的是我国特产的另一种鳄鱼，并非南洋、印度和非洲出产的普通鳄鱼，也不是从前韩文公在潮州所驱逐的那种鳄鱼，更不是本地中环鳄鱼潭所见的两脚鳄鱼，而是出产在我国扬子江下游盆地和附近湖沼中的另一种鳄鱼。它在爬虫分类上有一个专用的学名，称为"扬子鳄鱼"，因为这是除了扬子江以外，世界各处都没有的。用本地人的口吻来说，这是地道的"外江鳄鱼"。

扬子鳄鱼比我们在电影上惯见的那些非洲产的大鳄鱼为小，一般的只有三四尺长，但有时也可以长至七尺（非洲和印度、南洋的鳄鱼长十二尺至十五尺）。它们喜欢栖息在浅水和沼泽地带，因此在扬子江下游两岸，安徽和江苏两省沿江各处的港湾洲渚和湖沼之间很多。它们的集中栖息地点是芜湖和南京之间的采石矶太平洲一带。太平湖边上也是很多，因此浙江境内有时也会发现扬子鳄鱼。若是遇到长江水涨，鳄鱼的巢穴被冲毁了，它们便顺水流散各处，那时就是苏州河和黄浦江里也有鳄鱼了。因此，过去曾有人在上海马路边上也捉到鳄鱼，这就是乘了潮水从沟里爬上来的。

扬子鳄鱼之所以有名，是因为它们是目前在温带大陆上残存着的唯一种类，与它相似的是远在北美的密西西比河流域出产的一种，生物学家说它们可能是同宗。因为远在两百万年以前，亚洲和美洲是有陆地衔接的，那时这种鳄鱼很多，而且分布区域极广，从亚洲、美洲以至欧洲都有，甚至当时的英伦三岛那一带也有鳄鱼。但是后来地壳和气候发生变化，各处的鳄鱼都灭绝或迁移到更炎热的地带去了。只有扬子鳄鱼差不多仍存留在原来的地带，继续繁殖生存至今日。因此，目前除了在扬子江下游以外，世界各处都没有这种鳄鱼，是我国的特产动物之一，所以非常有名。

鳄鱼有从水里爬上岸集体迁移到另一处的习惯。从前人不知道，这就是构成韩愈为什么能在潮州用一篇文章驱逐鳄鱼那传说的原因。

扬子鳄

◆ 扬子鳄又叫中华短吻鳄（*Alligator sinensis*），是中国特有的一种鳄鱼，也是世界上体形最小的鳄鱼之一，主要分布在中国长江中下游地区及太湖。

红嘴绿鹦哥

香港山上有野生的小鹦哥，红嘴绿身，尾上开叉，乃是我们通常所说的最典型的红嘴绿鹦哥。

鹦哥本来有多种，有纯白、红胸、黄胸，或者红黄兼备五色的，更有一种头上有一簇冠毛，俗称凤头。它们体形都较大。一般称较大的为鹦鹉，而将这种较小的红嘴绿身者称为鹦哥。

鹦鹉是热带的鸟类，以南太平洋所罗门群岛一带所产的最美丽，也最多。它们是人类最爱畜的笼鸟之一。这不仅因为毛色美丽，而且更因为它们的舌头和气管的构造，与一般鸟类不同，能够学人说话，因此更成为人类的恩物。九龙有一家规模稍大的鸟雀店，就经常有这样美丽的鹦鹉出售。鹦鹉成为中国封建帝王宫廷和富豪家庭的玩物，已经有很久的历史，汉朝的诗人已经用它们为歌咏的题材了。在西洋历史上，罗马时代的贵族阶级不仅饲养鹦鹉做玩物，而且将它们当作席上珍品。有时又将鹦鹉纵入兽笼中，看狮子老虎跳跃攫取鹦鹉取乐。

香港可以见到鹦哥的地点，是从跑马地峡道上面为起点，向西直到香港仔一带的山上。在香港岛北面见到的机会比南面更多。鹦哥是喜欢成群结队飞的，时常十余只或二十余只在一起，所以不遇见它则已，一见到了总是一大群，这与香港另一种美丽的野鸟——蓝鹊的习惯差不多。

鹦哥很喜欢红棉树。红棉开花的时候，它们时常在树顶上啄取红棉的花瓣取乐。花园道对面玛利兵房的半山上，林木密茂，又多红棉树，因此在红棉开花的春天，时常有机会可以见到它们。有人说香港的鹦哥就在这一带产卵哺雏。因为鹦哥是以树洞为巢的，不易被人见到，所以无从证实。

鹦哥又喜欢吃榕树的果实。九龙弥敦道一带的大榕树很多，鹦哥时常结队飞过海去旅行，然后又飞回来。不知怎样，它们的栖息范围总是以香港岛为限，因此在新界从不会见到鹦哥，就是鸟类最多的林村谷也没有。

红领绿鹦鹉

◆ 红嘴绿鹦哥即鹦鹉科的红领绿鹦鹉（*Psittacula krameri*），又称玫瑰环鹦鹉、环颈鹦鹉、月轮。红嘴、蓝尾，是香港常见的留鸟。

猪屎渣

猪屎渣，又名猪屎雀，是一种青黑色的白胸小鸟，尾巴很长，喜欢在垃圾堆、荒地、山沟水边以及人家园地里觅食。行路时尾巴向上一翘一翘的。它们不很怕人，见人来了"唧"的一声飞走，人走开了又飞回原地。这是香港最常见的一种小鸟，并且，既名为"猪屎渣"，顾名思义，可知也是最被人瞧不起的一种小鸟。从前广东人最喜欢斗鸟，西关少爷和有闲阶级喜畜画眉、百灵或是鹌鹑，没有钱的人只好养一只猪屎渣过过瘾。

其实，讲斗劲或是唱功，猪屎渣绝不输过百灵、画眉，并且它们还有一种长处，就是养起来容易，一只鸟可以活到五六年，在鸟雀店里的价钱很便宜，不似画眉、百灵矜贵难养。至于鹌鹑，好的善斗的鹌鹑更是以黄金论价的。从前的广州西关少爷可以为了一只鹌鹑同人家打官司，请扭计师爷，弄得倾家荡产。

香港的猪屎渣不会在树上结巢做窝，它们往往在树洞、石壁的裂缝或是砖墙的破洞里安身。每年产卵两次，所以一年有两巢小鸟。每一巢总是五只。

养猪屎渣的人，认为一定要从小养大，这才易驯，也好唱好斗。因此小鸟孵出了至多半月以后，就给捕鸟的人捉去了。小猪屎渣养一个月以后，内行的捕鸟人就能分辨它们的雌雄，只有雄猪屎渣会唱会斗；雌的根本不值钱，它们就往往被放走了。这种情形恰恰与画眉相反，因为画眉一定要大了以后捉回来才会唱。

　　猪屎渣的产卵期约每年的三四月，这时的雄猪屎渣最好斗，也叫得最起劲，两只雄鸟为了争夺一只雌鸟，时常互相追逐几小时不休。养猪屎渣的人，也就在这时使它们相争。他们先将两只鸟笼面对面排在一起，抽开了笼门。两只雄猪屎渣见了面，先是大家斗唱，唱时撒开尾巴，并且抖着翅膀。唱完之后，若是有一只从开着的笼门走进另一只笼内，决斗便开始了。它们不是用嘴啄而是用脚爪相扑的，一面扑着一面还叫个不休。等到一方感到气力不支绕笼逃走时，胜负便算决定了。斗雀是要下注赌钱的，往往输赢很大，而且容易滋事。因此在香港是被禁止的。

　　香港的上亚厘毕道、半山的宝云道以及植物公园，每天清晨以及下午，都有养鸟者携了鸟笼挂在树枝上听它们练唱，这其中就随时可以见到有猪屎渣。

◆　猪屎渣为鹟科的鹊鸲（*Copsychus saularis*），黑白相间，在香港极为常见；鹌鹑（*Coturnix coturnix*）是鸡形目雉科鹌属鸟类，雄鹌鹑生性好斗，中国很早就有斗鹌鹑的历史。

鹊鸲

比目 —— 挞沙，龙脷

挞沙鱼有一个很香艳的别名 ——"比目"。《尔雅·释地》说：

东方有比目鱼焉，不比不行，其名谓之鲽；南方有比翼鸟焉，不比不飞，其名谓之鹣。

为什么称为比目鱼呢？中国旧时的格物家加以注释说：

比目状似牛脾，鳞细，紫黑色，一眼，两片相合乃得行，故称比目鱼。

这注释将比目鱼的形状倒描摹得不错，但是说它只有一只眼睛，而且要"两片相合乃得行"那就错了。比目确是一边有眼睛，一边没有眼睛，但那有眼睛的一边，却是两只眼贴近生在一起，并非仅有一只；而且它在水中游动时是平游的，不似其他的鱼类那样竖着游的（比目鱼的性格根本就不喜游动），因此它并不需要"两片相合乃得行"。这种情形，我们只要从本港任何一个街市的鱼摊上找一条挞沙鱼看一下就可以明白了。

比目鱼是一个大族，挞沙鱼不过是其中的一种。龙脷、尖脷、方脷、地宝、左口、花布帆之类，大家都是同宗。这类鱼的眼睛，有的两只一起生在右面，便用左面贴水而游；有的两眼一起生在左面，用右面贴水而游。有眼和无眼的一面色泽不同，大都无眼的一面较淡，多是淡白或粉红色，有眼向上的一面较深。比目鱼类在初生时，两只眼睛本是同普通鱼一样的，但是从小鱼渐渐长成时，两只眼睛就慢慢地移近到一边了。

挞沙鱼的肉很细，味道很鲜美，称得上"幼滑"。至于龙脷，味道比挞沙更好。在价格上，挞沙是普通鱼，龙脷则是像七日鲜那样，是比石斑更贵的上鱼了。

挞沙鱼在江浙一带的海边也有，上海人称为"箬塌鱼"。这类鱼有许多不同的俗名，有人称为鞋底鱼，因为那平板的扁身体颇像鞋底或脚板，因此英文也称为的 Sole。《福州府志》上将挞沙写作"蝶鲨"，但我以为不及屈翁山称它们为"贴沙"的合理。他在《广东新语》上说：

> 贴沙一名版鱼，亦曰左鲆，身扁喜贴沙上，故名。市归以贴墙壁，两三日犹鲜，即比目鱼也。

生鱼贴在墙上两三天犹鲜，那时没有雪房或雪柜，恐怕有点不可靠。

本地人关于挞沙鱼有一句俗话：吊挞沙。这是说水上人终日在船上赤脚不穿鞋，就是偶尔上岸做客或购物，也只穿一对拖鞋，但是仍觉得不惯又不舒服。因此一有机会坐下，便赶紧脱下拖鞋，甚或率性赤着双脚蹲踞在椅上，将一对空拖鞋放在椅底，这种情形就名为"吊挞沙"。现在已经用来指一般坐下来就喜欢脱鞋的习惯。

眼斑豹鳎

各种比目鱼

◆ 比目鱼是鲽形目鱼类的统称，两眼在头部的同一侧，身体扁平，鳎亚目的比目鱼又称鳎沙鱼，即挞沙鱼。龙脷是广东及香港对多种鲽形目（特别是鳎亚目）鱼类的泛指，因鱼身扁平，貌似舌头（广东地区称为"脷"），故称为龙脷或龙脷鱼。

翡翠，鱼郎

美丽的翠鸟，在香港可以见到它们的地点和机会都很多。随着天气一天一天地和暖，许多在冬天离开香港的鸟类都先后飞回来了。在香港岛四周的海滨，新界大陆深圳河的沿岸，尤其是沙头角的海面以及深圳河的出口，元朗对面的后海湾一带，都是最容易见到美丽的翠鸟的地方。

本地人俗呼翠鸟为鱼郎。顾名思义，翠鸟的羽毛应该是翠蓝色的，但这仅是指翠鸟而言。另有其他几种鱼郎，它们的生活习惯和形状都同翠鸟一样，但是羽毛却不是翠蓝色的。在香港可以见到的翡翠鱼郎一类的鸟共有五种。其中两种是正式的翠鸟，较大的一种名为白胸翡翠，小的一种名为小翠鸟，又名印度种或东方种的小翠鸟，一般所说的翡翠鸟就是指它们而言。其他三种的毛色便不是翠蓝的。一种是白身有褐色斑点的，被称为斑点鱼郎；还有一种同白胸翡翠差不多，头上有黑毛，背上有蓝黑色的，白胸的下半则变成橙黄色，珊瑚红的长嘴，色彩可说与白胸翡翠一般的美丽。大约就因了那尖而长大的红色嘴巴。俗名称为秦椒嘴，又名黑头鱼郎。另有一种与斑点鱼郎差不多，可是形体较大，头上的黑羽向后伸长，成为显著的冠形。这种鱼郎被称大斑点鱼郎，鸟类学家则称它们为喜马拉雅高原斑点鱼郎。这种鱼郎在港仅偶尔一见，因为它们要栖息在高山上，并且喜欢到大海或大河的入海处去捕鱼。

世上出产鱼郎最多的地方，是中东埃及一带，那里共有四十多种；其次是马来亚，可以见到十六种。广大的中国境内则仅有十种。不过香港却很幸运，因为十种之中可以在这里见到五种。

翡翠和鱼郎虽以鱼为主要的食料，但它们之中却有两大派别：一派是栖息在水边的，像鹭鸶一样，仅以鱼为食；另一派则栖息在树林中，它们除了吃鱼以外，有时也吃海滩上的螺蟹以及草中的昆虫。小翠鸟和斑点鱼郎都是专门吃鱼的。白胸翠鸟和秦椒嘴则除了吃鱼以外，也捕昆虫和虾蟹。就毛色来说，不用说，最美丽的是小翠鸟。但白胸翡翠和秦椒嘴的朱红长嘴看来也极动人。

翠鸟和鱼郎都有一个坏习惯，它们往往一对雌雄独霸一个地段，不许其他同类闯入，见了就要发生争斗，因此，你从不会见到三四只翠鸟在一起飞的。

白胸翡翠　　　　　　　　　　　　蓝翡翠

普通翠鸟

斑鱼狗

◆ 翡翠和鱼郎指的都是翠鸟，本篇提到的翠鸟有白胸翡翠（Halcyon smyrnensis）、普通翠鸟（Alcedo atthis，文中的小翡翠）、斑鱼狗（Ceryle rudis，文中的斑点鱼郎）、蓝翡翠（Halcyon pileata，文中的黑头鱼郎）。

翡翠，鱼郎

糯米包粟

到了夏天，街上整天有喊着卖"糯米包粟"的。包粟就是粟米。香港农家种粟米的人并不多，因此卖起来价钱倒不便宜，它被人当作是一种很时鲜的食品。酒楼里的鸡茸粟米的身价更名贵。这在北方人看了真要摇头叹气。因为粟米在北方正是棒子面和窝窝头的原料，乃是从前人家最普通的终年主要食粮。

粟米有黏、糯两种的分别：黏米包粟色黄，咬起来像吃普通白米饭那样很有韧性，颗粒也较大；糯米包粟色白，吃起来像糯米饭那样软软的，颗粒也较细小。香港很少见到新鲜的黏米包粟，所卖的全是糯米包粟。不知怎样，我倒喜欢吃黄色较硬的一种，从小就是如此，一粒一粒用手摘下来吃，觉得特别有风味。

粟米在各地方有许多不同的名称，上海人称它为珍珠米，北方人叫玉米，华中又叫苞谷。有些地方又叫玉蜀黍，这是一个古名，据说，最初是种在四川的，所以名字上有一个蜀字。但它其实是从外国传入的，因此有些地方又叫它为"番麦"。

粟米的原产地是美洲。这是从前美洲印第安人的食粮，所以，即使在外国也有许多有趣的俗名，种类也很多。有一种绰号"乡下绅士"；另一种名为"黄金小鸡"，据说滋味最好。香港薄扶林的大公司农场里也有种植。这些都是糯米的，吃起来软而甜，罐头粟米就是属于这一种。至于黄色的大粒粟米，则大都磨成粉作食用，"办馆"里所卖的老牌鹰唛粟粉，是制西饼蛋糕和烹调西餐的主要原料，它其实就是外国"棒子面"。

粟米是什么时候传入中国的，我一时找不出根据，但为时一定不会太久。因为，我国旧籍上所记载的各种黍秫种杂粮，其中并没有一种是类似玉米的。想来大约像番薯或薯仔那样，多数是在明朝传入我国的。又从玉蜀黍一名看来，最初种植这东西的地点可能是四川。我国本来另有一种蜀黍（有时亦作蜀秫），也是外种，不过它是像稻麦一样结穗而不是像玉米那样一颗一颗的。《农政全书》说：

> 蜀秫，古无有也。后世或从他方得种，其粘者近秫，故借名为秫，今人但指此为秫，而不知有粱秫之秫，误矣。别有一种玉米，或称玉麦，或称玉蜀秫，盖亦从他方得种。

研究我国动植物最精确可靠的《本草纲目》著者李时珍，对于玉蜀黍也说："玉蜀黍种出西土，种者亦罕，其叶苗俱似蜀黍而肥矮。"李时珍是明朝人，他既然说"种者亦罕"，可见那时一定传入不久。

玉米今日在我国北方已极普遍，唯所种都是黄色的一种，很少像香港所卖的"糯米包粟"。就是长江一带所出的珍珠米，也是黄色的居多。每一只都很肥大，差不多有七八寸长。北方一般农家不吃麦面的（即普遍的面粉），整年就吃玉米磨成的棒子面。用棒子面蒸成的馒头，不称为馒头而称为"窝窝头"，从前这是北方穷人家一年四季的主食。虽然野史上说西太后也爱吃"窝窝头"，但那怕是用玉石磨子磨成的上白面粉掺了鸡汁燕窝汁制成的，要几两银子一枚，绝不是穷人所常吃的窝窝头。在国民党的银圆券和金圆券的崩溃时期，在恶性通货膨胀的时候，物价一日数变，北方的穷人有时苦得连窝窝头也吃不起哩。

将晒干的粟米炒得爆裂开花，拌以糖浆就成了时髦的"爆谷"。这是南美洲的土风食品，名为"Popcorn"。他们用形状复杂的铝制大机器锅，用电力来炒，装在蜡纸袋里来卖，游戏场和电影院里最多。香港也有几家这样的新型小商店专制这种食品出售。其实，广东久就有了自己的爆谷。过年所吃的大煎堆，里面就是用爆谷作馅的。

　　粟米所含的淀粉质和糖质都很多。所以磨成粉可以制糕饼，又可以制糖。新出最嫩的粟米，它的梗芯切成片还可当笋用。粟米初采下来时，苞内有一丛有丝光的白须，乡间小孩子就将它当胡须挂在嘴上来玩。

玉米

◆ 包粟即玉米（*Zea mays*），正名玉蜀黍，是全世界总产量最高的重要粮食作物。原产于中美洲，16世纪时传入中国。

"行不得也哥哥！"

鹧鸪是春天的鸟。

"行不得也哥哥"，这是我们向来对于鹧鸪鸣声的形容。仔细听起来，那声音确是有一点像是如此。可是香港的外国人，对于春天鹧鸪的鸣声听来却不同，他们说它的鸣声所喊的是："Come-to-the-Peak-Ha-Haa"（上到山顶来，哈哈）。

"行不得也哥哥"是雄鹧鸪的鸣声。这其实是一句战斗的口号。雄鹧鸪天性好斗，尤其在春天交尾期，它绝不容许有另一只雄鹧鸪闯入它的势力范围。为了彻底确定附近草丛中是否有另一只雄鹧鸪，它往往站在土丘的高处，一面注意守护着附近草丛中的它的伴侣，一面提高了喉咙"行不得也哥哥"地叫着。鹧鸪之间好像有一种"君子协定"，附近若果有另一只雄的，它听见了这挑战的口号，一定立刻接受，也用同样的口号来回答，绝不做小人，躲在草里不开口。并且一面叫着，一面向那挑战者所在的地点飞扑过来，见了面就撒开尾巴和双翅来决斗，直到有一方被斗败了，逐出这势力范围之外为止。

就因为这好斗的天性，雄鹧鸪往往被人畜为斗鸟来玩弄。并且，广东的捕鸟者，就往往利用鹧鸪这种好斗的天性，用一只养驯的雄鹧鸪来诱捕它们，他们称这样养驯的媒鸟为"囮"。将它隐藏在草丛中，四周布设陷阱，

中华鹧鸪

然后使囮发出"行不得也哥哥"的挑战的呼声。附近若是有雄鹧鸪，它听见了这呼号，必定一面答着，一面循声寻来，于是就不知不觉踏入了捕鸟者所设的陷阱罗网。捕鸟者就用这样欺骗的手段捉到了它们。

鹧鸪喜欢栖息在杂草茂盛的山坡上。若是草地上有松林和高低的土丘，更是它们最喜住的地点。中国出产鹧鸪的地方很多，但最多的是广州湾一带和海南岛。香港市上出售的鹧鸪，多数就是从雷州半岛这一带运来的，但新界一带也有不少。本地人认为鹧鸪吃起来是滋补有益的，尤其能化痰养阴。专售炖品的小饮食店里有"虫草炖鹧鸪"出售，此外还有最为益食家赏识的鹧鸪粥。

鹧鸪是在草丛中做窝的，但这仅是指孵卵哺雏时而言。平日是随地为家的，每天栖宿的地方从不相同。它们不喜雾露，天气一潮湿，便藏缩在草里不肯活动。鹧鸪的飞行技术不很高明，拍着翅膀飞不多远便滑翔着落下来，然后一溜烟跑几步再钻入草中。乡下人相信鹧鸪的飞行是随着月份远近的，正月飞一节便停下，十二月则要一气拍翅飞十二次才停下。

鹧鸪在广东俗语中是一个不很好的名词。"搛鹧鸪"，便等于"揾老衬"。

◆ 鹧鸪即雉科鸟类中华鹧鸪（Francolinus pintadeanus），又称中国鹧鸪、越雉、怀南、石鸡，多在矮小山岗的灌木林中活动，杂食性，雄性好斗。

孔子家禽

孔子家禽就是孔雀,这个类似笑话的出典见于《世说》。据说梁国杨氏子,九岁,甚聪慧,孔君平诣其父,父不在,儿出,为设果。果有杨梅,孔指以示儿曰,此是君家果。儿答曰,未闻孔雀是孔子家禽。

这位姓孔的客人想用杨梅向杨姓的孩子开玩笑,不料反被孩子用孔雀向他的姓氏幽默了一下,可谓非常机智。不过,据说孔雀的"孔"字系作大字解,因为它是鸟雀之中最巨型者,所以称为孔雀。那么,即使真是孔氏家禽,不仅不辱没孔子,也不致辱没孔雀。

孔雀的美丽在它的尾巴,开起屏来金翠照眼,尤其富丽堂皇。女人很喜欢孔雀向她们开屏,引为荣事,说是同她们比美。其实这举动若据霭理斯的性心理研究立场看起来,实在是很不敬的。因为只有雄孔雀才有美丽的长尾巴,而它之所谓开屏,实际上只是冲动而已。

法国诗人阿坡尼奈尔的《动物诗抄》,其中有一首咏孔雀的,写得非常妙,我记得鲁迅先生曾译过,刊在《译文》上。大意是说孔雀开屏的样子很美丽庄严,自以为很了不起,可是它忘了这样做的时候,后面的屁眼已经露在外边给人看见了。

这首诗虽然写得很刻毒,但是却无情地嘲笑了许多伪善者的装模作样。我觉得实在是一首很好的咏物诗。

其实，孔雀身上金翠灿烂的羽毛，在我们人类看来固然觉得很美丽；而在孔雀自身，则除了吸引异性之外，还有更重要的作用，那就是它的保护色。据说，这种情形只有在南方热带的林中见过孔雀的人才可以领悟。因为在那些稠密高大的热带树林中，蔚蓝的天色，灿烂的阳光，有时太阳光从树顶的隙缝漏下来，射在地上或树叶上，幻成一个一个卵形的金圈。孔雀栖在这种树林里的大树顶上，它的全身羽毛的色彩完全同环境调和，尾羽上的那一只只的金眼，完全与树隙漏下来的太阳光混在一起，使人很难分辨。甚至头上那一块蓝色和白色的羽毛，看来也像是树梢露出来的蓝天和白云。所以，孔雀离开了它栖息的地方以后，使人觉得它的羽毛美丽，但在原来的生活环境里，其实是具有很重要的保护作用的。

◆ 孔雀是雉科孔雀属的鸟类，有绿孔雀和蓝孔雀两种。蓝孔雀（*Pavo cristatus*）又名印度孔雀，雄鸟羽毛为宝蓝色，富有金属光泽，分布在印度和斯里兰卡。中国本土的孔雀为绿孔雀（*Pavo muticus*），又名爪哇孔雀，分布在东南亚和中国云南省，现已濒危，为国家一级保护动物。

绿孔雀

海镜——明瓦

在香港边界的东北角,沙头角的对面,那一带的海面西名为"噪林鸟小港"。这个古怪的名称,据说是纪念在鸦片战争未发生以前,有一艘曾在这里停泊过的英国军舰,因为这艘军舰就名为"噪林鸟"号。这地方的中国土名是沙头角海,它乃是马士湾的一个内港。

这一带的海面,出产一种全身扁平的贝类,它们的壳几乎随时可以在沙滩上见得到,有时成堆在一处。这种贝壳因为太薄,不能制纽扣,但是另有一个用途,它们可以嵌在窗上替代玻璃,这就是中国向来所称的"明瓦"。

这种贝壳名为海月,又称海镜。因为它们的壳具有可以嵌窗的特殊功用,外人向来就称它们为"窗门贝"。香港虽然四面环海,但是仅有沙头角这一带出产这种贝类。

我不曾在新界乡下见过用这种贝壳嵌制的窗户,但在广东乡下以及江浙一带沿海的小城市,至今仍有许多人家的窗门是嵌有明瓦的。记得过去有一次在广州附近的陈村碧江旅行,见到小巷人家的临街窗户,都嵌着这种明瓦,甚至有些短墙也是利用一种螺壳砌成的。

好的明瓦,薄而微带珠光,若是磨成二寸见方的小块,嵌在木格窗上(有些乡下人则是用竹片做格,夹住一排一排的明瓦),微蒙透明,但是并不能透物,减低了强烈光线的刺激,其作用等于毛玻璃,对于恬静的乡村生活环境非常适宜。我从前在江苏昆山乡下做客的时候,就曾对着这样微蒙的明瓦窗,在一张旧方桌上读书写文章,消磨了一年多的青年时代生活。

往来江浙各市镇的小河里的乌篷船,小小的船舱里的唯一透明工具,也总是这种明瓦,它们不仅比玻璃价廉,而且也不会打破。有些乡下人家堂前的落地排窗,全部都是用明瓦嵌的。

菲律宾、马来亚以及南洋的若干葡属殖民地,当地土人都学会了用明瓦嵌窗门的方法。据说这乃是葡萄牙人从中国学去,西班牙人又从葡萄牙人那里学得了再传到菲律宾和南洋的。现在澳门还有窗上嵌着明瓦的古老房屋。马尼拉有一家小工厂,就用明瓦替代云母玻璃制成西班牙式的铁框小灯笼,式样非常古雅可爱。

可以制作明瓦的这种扁圆形的贝类,小的直径有三寸多,大的可以阔五寸。因为形圆而扁,所以旧称海月或海镜。《新安县志》说:

> 海镜一名蚝菜,壳两片合以成形。其肉名蛎黄,可以为酱,其壳圆如镜,可作明瓦。

云母海月

云母海月抛光后

◆ 海月是双壳纲云母蛤科云母蛤属的软体动物,贝壳扁平而透明,有云母光泽,故又名云母贝、海镜。中国古代建筑将其贝壳镶嵌在门窗上,起透光的作用,称为"明瓦"。

香港的老虎

冬天，正是老虎在香港出现的季节。香港本地并不出产老虎，凡是在香港出现的老虎必是来自外地的。它们多数来自江西和福建，因为这两处正是中国出产老虎最多的地方。它们攀山越岭而来，目的乃是冬季旅行，因此在香港不会停留很久，大都在新界的粉岭、上水以至沙田之间停留三五日，然后又飘然远引了。到香港新界来作冬季旅行的老虎，多数是单身的，只有雌老虎有时带着一两只乳虎同来。老虎会游水，因此不仅冬天在新界会有老虎，就是在大屿山以及香港岛上，过去也曾屡次发生过出现虎踪的事，这显然是从新界大陆作渡海泳而来的。香港岛上最近一次千真万确出现老虎的新闻，是一九四二年沦陷期间的事，地点是赤柱警署附近，后来给一个印度差人用枪打死了。当时香港的一位著名自然科学家香乐思教授正囚在赤柱集中营里，老虎也会在夜间闯入集中营的菜园，香乐思曾亲眼见过那脚印。这只老虎据说很瘦（在那黑暗的日子里，每个人都饿瘦了，老虎自然也不能例外），因此有人认为是从豢养的兽笼中逃出来的，因为战争爆发时，正有一个马戏班来到岛上。

大屿山的面积比香港大得多，可是人口少，山林又密茂，因此，在过去曾屡次发现虎踪。闹得最厉害的是一九一一年，差不多先后咬死了六十至七十头猪。有一时期，大屿山的乡民将所养的猪搬到附近的小岛上去养，老虎竟追踪而去，两夜之间咬死了十六头猪。等到乡人组织了狩猎队去集体打虎时，这只老虎忽然又失踪了，显然是又游水回到新界去了。

粉岭沙田发现老虎的记载更多，本港的报纸上差不多每年冬天总有这样的新闻。有时是夸张其辞或者虚报的，但有时也确有其事。一九一五年三月间，有一只老虎在粉岭咬死了一名欧籍帮办和一名印度差人。后来这只老虎给警察围剿打死了，量起来身长八尺六寸，重达二百八十九磅。在博物院未曾拆卸时，这只虎头曾经陈列在那里。

关于新界老虎最有趣的记载，是在一九三四年年底，荃湾一带屡传发现虎踪。有一天，有一个客家妇人砍柴回来，在荃湾的路上果然遇见一只老虎，这畜生围了她打圈子。妇人吓得没有办法，便将手中的镰刀和挑柴的竹竿一阵乱舞，居然将老虎吓跑了。后来这妇人在警署被问话时，还吓得惊魂不定。可见不仅纸老虎不足怕，就是真老虎有时也怕人的。

虎

◆ 香港分布的老虎为华南虎（*Panthera tigris amcyensis*），又称厦门虎、中国虎或南中国虎，分布在中国华南地区，是中国除孟加拉虎与西伯利亚虎之外的第三种虎，也是中国唯一的特有种。最后一只野生华南虎在 1994 年被射杀，之后再没有确凿证据证明野生种群的存在，被怀疑已经野外灭绝。

墨鱼——乌贼

每逢墨鱼上市的时候。香港街市鱼枱上的墨鱼很多,乳白色的身体,小的一斤一串,大的一只重十余斤,而且价钱也便宜。新鲜墨鱼的滋味非常好,无论炒或红炆都极可口。当然,更好的吃法是卤墨鱼。浙江宁波人称墨鱼为乌贼鱼,春天上市的时候,他们以去皮五花猪肉,加南乳与墨鱼一同红烧,称为"乌贼剥皮大烤",从前上海弄堂饭店的宁波小饭馆多以这一样菜来号召顾客。

墨鱼被称为乌贼的原因,是由许多有趣的民间传说构成的。

中国从前的格物专家,最相信化生之说,认为许多生物都可以在某一季节从甲物变成乙物,如《月令》所说的"雀入大水为蛤"之类。墨鱼也不例外,他们认为乃是海滨一种水鸟名乌者入水所变。可是它变成墨鱼以后,却又以乌鸟为食,所以称为乌贼。《本草纲目》说:

> 其性嗜鸟,每自浮水上,飞鸟见之以为死而啄之,乃卷取入水而食之,因名乌贼,言为乌之贼害也。

墨鱼别名乌贼的另一个原因,则因它能吐墨汁。其说颇久,唐宋时代就已经有这别名了。《癸辛杂识》载:

> 世号墨鱼为乌贼。何为独得贼名，盖其腹中之墨，可写伪契券，宛然如新，过半年则淡然无字，故狡者专以此为骗诈之谋，故谥曰贼云。

唐段成式的《酉阳杂俎》也说：

> 乌贼遇大鱼辄放墨，方数尺，以混其身。江东人或取墨书契以脱人财物，书迹如淡墨，逾年字消唯空纸耳。

墨鱼还有一个更古的别名——算袋。据说秦始皇出巡，过东海，弃所用算袋于海，化为此鱼，故形如算袋。

许多关于墨鱼的古怪传说，虽然很有趣，可惜都是架空的想象，尤其是诈死浮在水面骗水鸦这一点。墨鱼在海里谋生的方法和机会都很多，大约不致饿得以飞鸟为对象的。至于肚里的墨汁，倒是非常有趣的东西，我小的时候，就曾经每逢家里买墨鱼时，一再到厨房里偷取那墨汁来写字画花，可是从不曾想到伪造契约去骗人。

我们平时惯称四五斤乃至十余斤重一只的墨鱼为大墨鱼，其实海里真有一种大墨鱼，大得惊人，它们像章鱼一样成为海中最可怕的生物之一。最大的墨鱼竟敢于同鲸鱼作斗。法国战舰"阿列克顿"号的舰长，曾在海中遇见过一只大墨鱼，身长五十英尺，头上的触须还未计算在内，腰围二丈，估计那重量至少在两吨以上。

莱氏拟乌贼

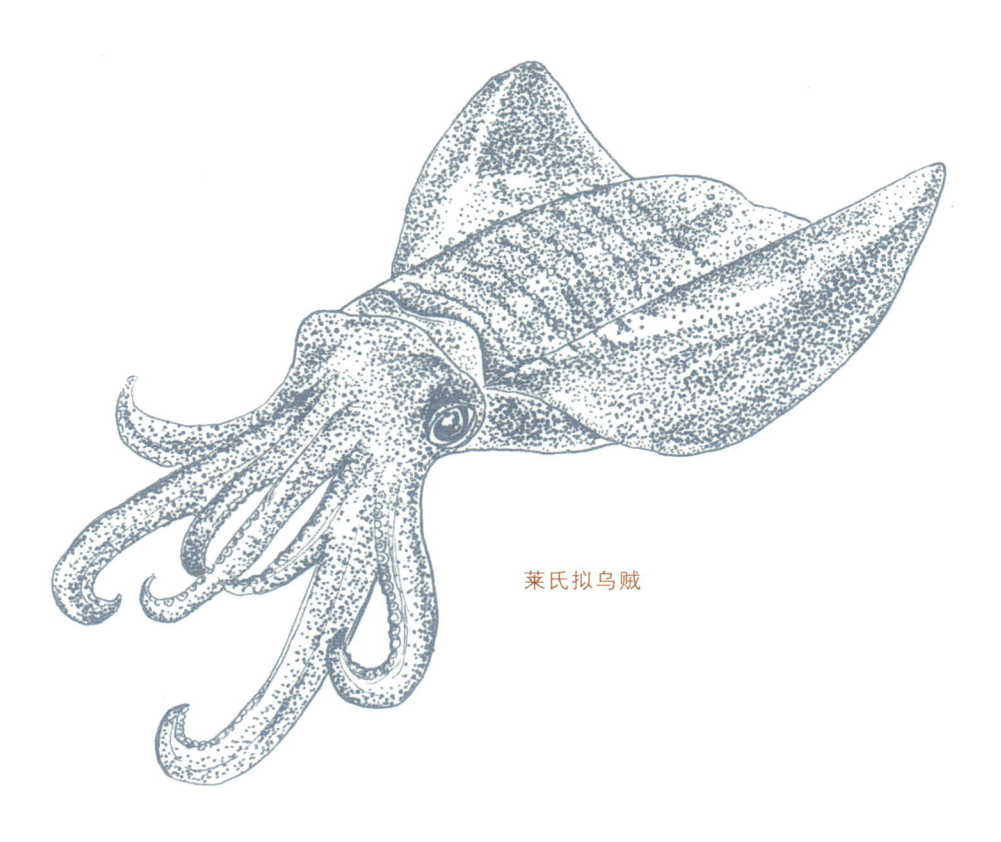

◆ 墨鱼是软体动物门头足纲墨鱼目的动物，俗称乌贼，遇到敌害时会喷"墨汁"防御。敢与鲸鱼相斗的是深海的大王酸浆鱿，又称大王乌贼（*Mesonychoteuthis hamiltoni*），身长可达20米。

墨鱼——乌贼

可怕的白蚁

香港的报纸上时常有专灭白蚁的广告,可见这小东西平时虽不大被人见到,然而却在暗中拥有很大的破坏潜力,否则它们的破坏成绩,绝不能在香港养活几家专灭白蚁的公司的。

白蚁被称为白蚁,实在不很恰当。第一,它们并不是白色的;第二,它们根本不是蚁类。在解剖和滋生的过程上,它们倒近于我们日常惯见的蟑螂,因此,许多昆虫学家认为它们彼此在多年之前可能是同宗。白蚁的生活状态至今仍很原始,可是它们的组织分工生活的周到和严密却使人惊异。这一点颇近于蚂蚁,我想这大约就是它们的名字上有一个蚁字的原因。白蚁在地球上存在的年代久过我们人类不知多少倍。昆虫学家爱默逊氏藏有一块琥珀,被断定至少是三千八百万年以前的遗物。其中有两只白蚁被凝结在里面,头翅完整,栩栩如生。它们的形状和我们今日所见到的白蚁差不多,好像昨天才被封闭在里面的一般。

白蚁里面的蚁后、工蚁和兵蚁都生活在不见天日的蚁巢内。这种蚁巢多半在树干内、地底下以及建筑物的木材里,若是家里的衣箱木器书籍等多年不清理移动,可能也会给白蚁做巢。这三种白蚁都是没有翅的,从不出外活动,因此除了蚁巢被发现以外,我们从不会有机会见到它们。但是白蚁里面的雌蚁和雄蚁,它们有翅膀会飞,每逢初夏雨季开始之时,它们整千整万地从巢里飞出来，飞得满天满屋都是。我们在夏夜常见的那种油黄色飞蚂蚁，翅膀很薄脆，一碰就落下来的东西，就是这种白蚁。我们不必为它们落掉的翅膀担心，因为它们一旦从巢里飞出来，这双翅膀的任务已经完毕，不碰也会自然落掉的。它们从巢里飞到外边以后，立刻雌雄交配，然后觅地另建立新的"殖民地"。我们时常见到落掉了翅膀的这种油黄色的"白蚁"，两只一前一后地追逐着尾随不舍，它们就是在开始"拍拖"。所幸者，一万对白蚁之中，不会有一对能有机会建立殖民地，否则人类早已在地球上没有立足地了。

建立成殖民地的雌蚁，不久就逐渐长大，开始产卵，成为蚁后。一只蚁后可以长大至二寸以至四寸，它成为一具使人难以相信的生产机器。据说一只蚁后，可以有三十年的生命，它能够每秒钟产一只卵，一天可以产三万只卵，并且能三十年不断地产着。香港有一家专灭白蚁的公司，据说就藏有一只三四寸长的蚁后标本。

白蚁最大的剿灭者，不是一般的白蚁公司，而是穿山甲和燕子之类的飞鸟。穿山甲专门舔食蚁巢里的幼蛹，燕子则专门在空中捕食飞出来的白蚁。夏天正是白蚁飞离巢穴另建新殖民地的时节，但是也是燕子孵卵哺雏觅食最辛勤的时节，它们一个夏天要捕食无数的白蚁。这实在是自然界最巧妙的安排。

白蚁

◆ 白蚁是蜚蠊目等翅下目昆虫的统称，俗称大水蚁。白蚁是社会性昆虫，蚁王、蚁后、兵蚁、工蚁分工明确。白蚁可分解木质，在自然界中是重要的分解者，也会侵蚀人类家居中的木质物品和建筑物，从而造成严重危害。

"家婆打我!"

在封建社会的家庭里,婆婆同媳妇的关系始终搞不好。由于吃人的旧礼教的回护,吃亏的总是可怜的小媳妇,结果只好上吊、跳井、投河、服毒,用死来表示自己的抗议。这种千百年来集结着可怜的被压迫女性的冤气,唯一可以发泄的出路,就是民歌和民间传说。不说别的,仅就我国民间关于野鸟的传说来讲,有许多就是同婆婆磨折苦媳妇有关的。如著名的姑恶鸟,传说就是一个不为家姑所谅的媳妇的化身,因此冤魂化为野鸟以后,就"姑恶姑恶"地叫着。这传说已经够凄恻了,可是维护旧礼教的旧时文人,写起"禽言"来,仍说她化为鸟以后,还要说"姑恶",实在有乖妇道,说什么"姑言妇恶定有之,妇言姑恶未可知",至死仍要派定她是个不孝妇,有时读起来真令人生气。

广东民间也有一个媳妇被家婆磨折寻死后化为野鸟的传说,它的叫声,就是"家婆打我!"

据说,从前有一媳妇,丈夫出外谋生去了,按时寄一点钱和食物回家来,这种食物是家婆所爱吃的,她时常说媳妇偷吃,不时将媳妇毒打。媳妇因为丈夫不在家,无处可以诉冤,只好半夜偷偷地哭着:"家婆打我!家婆打我!"后来一再挨打,实在受不了,只好私自离家逃到山里。她临走时,从家里拿了一个包袱,不料慌忙间拿错了,里面全是孩子的衣服。她想回来换一个，因此就给家婆捉住。不用说，这一次当然打得更厉害，她只好自叹命苦，哭着千不该万不该"揽错包袱"。后来她死了，化为一只野鸟，便这么终日凄凉地叫着："家婆打我！""揽错包袱！"

这只喊着"家婆打我"的野鸟，其实就是布谷（郭公）的一类，有时又称花喀咕，我国古名鸤鸠。它们是南方的鸟，夏天从南边以至长江一带都很多，直到秋天才飞向更南的地方去避寒。它们来香港的时间，约在每年的四月下旬，五六月里叫得最起劲，一到十月便离开此地迁到南洋和印度南部去过冬了。

关于这种野鸟的传说，各地不同。它的鸣声是 Kwi-Kwi-Kwi-Kwa，广东人说它叫的是"家婆打我！揽错包袱！"北方人则拟为"光棍好过"，说是天气暖了，不必再愁冬天衣着，因此"光棍好过"。江浙乡下人因为它们叫的时候正是农忙时期，因此从它的声音里听出的是："快快割禾！""割麦割禾。"后一说由来颇久，至少宋朝人已经说它们是这样叫了，因为《东坡志林》里曾说：

> 江湖间有鸟鸣于四五月，其声若云：麦熟即快活！今年二麦如云，此鸟不妄语也。

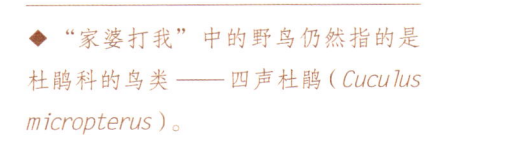

◆ "家婆打我"中的野鸟仍然指的是杜鹃科的鸟类——四声杜鹃（*Cuculus micropterus*）。

四声杜鹃

"家婆打我！"

鬼鸟——蚊母鸟

从名字上已经可以看出，鬼鸟是一种很古怪的鸟。它是介于燕子与鹰隼之间的小鸟，但是古怪的个性又有点似猫头鹰，因为它喜欢白天睡觉，夜晚才出来活动。

鬼鸟，欧洲人通称它们为"夜的嘈杂者"（Nightjar）。它们是候鸟，冬天从中国北方飞向南方，春末又从马来亚和新几内亚一带飞回北方。在四月中旬路过香港，往往要停下来休息几天，所以，在初夏正是最容易见到这种怪鸟的季节。它们之中有些到了香港就住下来不走，在这里产卵孵雏，要到十月中旬才南下去避寒。

鬼鸟全身灰黑色，背上有不整齐的黄黑色斑纹，看来像是树皮。它的嘴小而钩，像是鹰嘴，但是张开来却极大，颔下生着一丛像张飞胡须一样的硬毛。翅膀很长，飞起来迅速无声，能在飞行中捕食小昆虫。所以既像燕子，又像猫头鹰。

这种鸟被称为鬼鸟，不仅因为它们白昼不出来，一到黄昏入夜才出来活动。更因为它们的脚短而退化，几乎不会走路，只会跳跃。一般的鸟类，总是用双脚抓住树枝横站着。鬼鸟却像啄木鸟那样，只懂得直栖在树枝上，并且一定要拣较粗的斜度很小的树枝，以便将整个身体贴在树枝上去伏着。它们歇在地上也是如此，动不动就像本地人所说的"跍低"了。

鬼鸟的叫声很单调，只会"轧轧"地叫，一连要叫几十声不停，这就是"夜的嘈杂者"这一名称的由来。

鬼鸟结巢不在树上而在地下，它们最喜欢在小松树林内的草地上做巢。因此在青山和大埔道夜间行车，时常有机会可以见到它们。因为这两条公路的两旁很多松林，是它们最喜欢出没的地方。鬼鸟有一个坏习惯，黑夜跐在路中心，看见车辆来了并不立刻飞走，往往给汽车的车头灯眩得眼花，来不及起飞，就这样给汽车碾死了。在大批鬼鸟过境北上的初夏，这种情形更容易发生。它们的眼睛很大，映着灯光像猫眼一样闪出黄绿的亮光，这也是使它们获得这个怪名称的原因之一。

北方人称鬼鸟为贴树皮，就因为它们喜欢全身伏在树枝上的那个特性。古人则称它们为蚊母鸟或吐蚊鸟，说它们出现的地方往往多蚊虫，有些书上甚至说它能吐蚊（《尔雅》：鹎，一名蚊母，相传此鸟能吐蚊，其声如人呕吐，每吐辄出蚊一二升。又见《唐史补》及《齐东野语》）。其实那情形恰恰相反，鬼鸟在夏夜专向池沼草莽多蚊地方飞翔，正因为那里的蚊虫多，它可以吃一个饱。

林夜鹰

◆ 鬼鸟即夜鹰，在香港常见的是林夜鹰（Caprimulgus affinis），体色灰褐，以昆虫为食。

古怪的海星

　　海星一名海盘车，是我们在海滨最容易见到的一种古怪小生物。它们喜欢吸在岩石上，潮水退了也不走，灰黑色或是青褐色的棘皮，看来完全像是中国药材店里所卖的陈皮。它们多数有五角，所以称为海星。从前湾仔那家怪鱼酒家门前的养鱼柜里，时常会有活的海星养着。它们伸开"五肢"平贴地吸在玻璃上，那样子完全像一只五角星。

　　海星的种类很多，大小不一，据说共有一千多种。普通常见的是五角，但也有六角、八角、十二角，甚至有二十五角的。多数海星的全身好像都很僵硬，但有一种五角海星的触手像章鱼一样，长而柔软，被称为蛇海星。香港海边常见的海星，多是五角的。一种角较钝，另一种较尖长。前者的直径约四寸，后者较小，约两寸半。

　　海星看来像是一块蠢然无知的东西，但它们最喜欢吃蚝，是蚝的最大敌人。海边的蚝田最怕有海星，一有它们闯入了，蚝的收成便要大打折扣。

　　海星吃蚝蚬一类的介类，方法非常高妙而有趣。一只有壳的活蚝，当它双壳紧闭以后，普通人想要徒手将它扳开来，也实在不容易。但是海星能够懂得用它的肢体紧贴蚝壳，将它平日藏隐看不见的无数吸脚伸出来，用力地向左右去拉。这是一幕体力的持久赛。蚝壳闭得愈紧，海星拉得也愈力，直到蚝筋疲力尽了，双壳微微地松开。这时海星便将它的胃从嘴里吐出来，将蚝的软体加以缠卷，慢慢加以消化。然后才缓缓爬开，再去找第二只蚝。

　　海星的消化能力很强，它能将自己的胃从口里吐出来，直接去选择自己的食物，不能消化的根本不要，然后将自己要的部分卷住，缩进肚里。所以海星的排泄机构很退化，因为它根本没有什么废物要排泄。它虽然有一个肛门在背上，可是备而不用。

　　海星还有补充自己肢体的能力，你若切去它的一角或两角，它毫不在乎，不久就可以又生出来。从前法国海滨养蚝的渔夫，他们用网捞起海星以后，将它们斩碎抛入海中，以为可以不再为害。哪知这样反而使一只海星变成了三四只，使它们繁殖愈多，为害更烈。

　　普通人又叫海星为星鱼。但它实在不是鱼，它同海参、海胆一样，同是棘皮动物。

飞白枫海星

◆ 海星是棘皮动物门海星纲动物的统称，五条腕上有很多管足，用于运动和取食。

沙锥

沙锥，也可写作沙追，中国古名鹬，也就是古寓言"鹬蚌相争"的对手之一。这是香港著名的猎禽，今日我们在餐馆菜牌上所常见到的"烧肥沙追"，就是这东西。

本地所出产的沙锥共有四种，最常见的是普通叫作金钱锥的一种。它本是候鸟，从八月下半月开始，直到十二月初，它们开始在新界一带出现，聚集的地点是水田和海边的沙田。从八月到九月间，粉岭和上水一带最多，从十月到十二月的下半季，它们则喜欢聚到屏山、锦田一带。

春天偶然也见到沙锥，那是它们从南方飞回北方路过此地的，不过为数很少，不似秋季冬季那样多。

沙锥虽是候鸟，但是已经有可靠的资料证实，它们也有在香港营巢孵卵的。

另有一种沙锥，只是在春三四月之交出现的，它们不喜欢稻田，而喜欢在湿地或小河边徘徊。若是雨天，它们又喜欢出没在番薯田中。到了春天，你在元朗、锦田、梅窝一带，可以大批地见到它们。

到新界一带去打猎，最容易打得的鸟类便是沙锥，尤其在秋冬时候。据说最理想的行猎地是沿深圳河口一带。有一个猎取沙锥的最高纪录，这是发表在《香港自然学家》第六卷第三号上的。有人于一九三五年的八月二十一日至九月十五日之间,一个人竟猎得了一百二十八只沙锥。

　　沙锥的肉很肥美,这是它在香港所以成为著名的猎禽的原因。另有一种羽毛十分美丽的沙锥,也在深秋出现,不过十分少,它们是以小鱼和软体动物为食料,所以不及其他的沙锥鲜美。它们被人猎取,只是供玩赏而已。

扇尾沙锥

◆ 沙锥即扇尾沙锥(*Capella gallinago*),为鹬科沙锥属的鸟类。

果子狸及其他

果子狸是像狸花猫一样的小动物,是广东人冬季席上珍品之一。一到秋季,你就可以在本港大酒家的广告上见到生宰果子狸或烩果子狸的名目,他们有时还用铁丝笼盛着活的果子狸放在门口做招牌。这种果子狸大都是从广东内地运来的。不过本港也有果子狸出产,有时新界乡民也会捉到一只拿到市墟上来出售。

真正的果子狸是很小的,面部正中有一条阔的白纹,前脚的脚爪特别长,这是它的特征。它善于掘地和爬树,喜欢吃果实,尤其是木瓜,这正是它所以被称为果子狸的原因。

本港另有几种野猫科的小动物,花纹和毛色都与果子狸仿佛,只是形体较大,时常被人误认为果子狸,其实它们全然是另一种动物。其中有一种俗称为七间狸的,模样颇与果子狸相似,只是嘴巴尖长,全身灰白色,背上另有几道黑色的条纹,尾上也有一道一道的黑圈。背上的黑纹有时五条,有时八条,但最常见的是七条,所以呼为七间狸。它与果子狸最不同的地方,是前脚爪和后脚一样,并不像果子狸那样特别长。

七间狸在新界大陆和本港岛上都可以见得到。只是它们都是昼伏夜出的,所以白天不大有机会能见到。它们以小鸟蛙鼠为主要食料,也吃果子和树根。它的身上有香腺,像麝鹿一样地能放射一种香气。

大的七间狸体长二尺，连尾可以长至三尺，它的价格虽次于果子狸，但也是席上珍品之一。

本港还出产另一种与果子狸相似的动物，俗名五间狸。它比果子狸略大，全身灰黄色，背上和尾上都没有条纹或黑圈，这是它与七间狸不同的地方。它的特点在头部：头上直至颈项都是黑色的，额上有一条白纹直伸至颈后，眼圈上下四周都有白斑，因此面部颇似果子狸，只是前脚没有长爪。这是它和七间狸一样、与果子狸区别的地方。

五间狸在香港岛上也有，它是昼伏夜出的，也喜欢爬树吃果实，特别是木瓜和香蕉。五间狸的毛色很美丽，如果从小捉回来养大，可以养驯，成为一种很好的玩物。

七间狸、五间狸之外，本港还出产一种狸，俗呼三间狸，又称大元帅，这是本港除果子狸之外三种野狸之中最大的一种。一只普通的三间狸，大概身长二尺，尾一尺半，重十余磅，最大的可以重至五十磅。

三间狸的毛色黑白相混，尾巴则黑白相间，一节黑一节白，成为阔阔的六七道圈子，背上有一条黑纹，从颈一直通至尾端。它的项下也有几道很阔的黑白相间的花纹，它之所以名为三间狸和大元帅，就因为项下这几条看来很威武的花纹。

三间狸在本港岛上不常见到。它也是昼伏夜出的，喜欢吃木瓜。在新界则时常可以见到，尤其在城门水塘一带。据史温荷氏说，三间狸在马来亚很多，在中国的分布区域也很广，从上海、舟山群岛、广东，以至海南岛，都有它的踪迹。它特别喜欢生活在密布竹林的山中。

果子狸和七间狸等，它们的模样，与其说是像狐狸，不如说是像野猫。但它们事实上并不是猫的本家。真正的猫的本家，在本港另有一种代表物，俗呼豹狸。它与老虎和金钱豹都是同宗，在家谱上都是属于猫的系统的。这种野猫，是印度猫，一眼看来几乎全然像一只家猫，区别的特征在耳朵背后有两块白斑。它的全身灰黄色，背上有几条黑纹，从头顶一直连至尾部，腹部两旁和四肢都是整齐的黑斑，尾上有黑圈。它之所以名为"豹狸"，大约就因为这些黑斑的缘故。外国人称它为"中国印度种的小花斑虎猫"。

豹狸在本港岛上很少见，但在新界大陆则常见，过去在西贡大埔元朗都发现过。有时有活捉的陈列在市墟上，有时也有剥下的皮张出售。

豹狸比家猫略大，身长约二尺，性格极野，不易驯养。它善爬树，平时多以小鸟为主要食料。

◆ 果子狸（*Paguma larvata*）又名花面狸、白鼻心，是一种灵猫科的哺乳动物。本篇里七间狸指的是灵猫科的小灵猫（*Viverricula indica*），又名香狸、麝香猫。本篇里的五间狸疑似鼬獾（*Melogale moschata*），是鼬科的哺乳动物，只是文中描述有误，鼬獾比果子狸体形小。三间狸是大灵猫（*Viverra zibetha*），又名九节狸，也是灵猫科的哺乳动物。

果子狸

大灵猫

香港的凤尾草和青苔

根据邓恩与丢讫尔二人合编的《广东与香港的植物》（出版于一九一二年）一书的目录，香港出产的凤尾草和兰科植物种类之多，乃是一件很值得注意的偏重现象。两人曾在一九〇三年至一九二〇年之间，先后任职本港园林监督署，对于本港植物分类、造林、充实植物公园的花木标本等工作，甚有贡献。本港有数种新著录的花木，曾用他们的名字来命名以作纪念。本港出产的凤尾草被著录者有一百二十四种，兰科植物有六十三种。如果我们将这两类植物与英国所出产的数量加以比较，则英国仅有三十七种凤尾草，三十五种兰花。这么一比较，我们就不难看出香港植物的丰富。

"没有任何种类的青苔"这句话，显示早期植物学者对于香港植物知识的一个漏洞。当然，香港本有相当多种类的青苔，但是同凤尾草比较起来就显得稀少，并且在这方面亟需仔细研究工作。邓恩与丢讫尔两人曾说起编撰一部有关本港青苔、藻、菌等类的植物志，作为推进本港植物知识的一件紧要工作。

关于这件紧要的亟需工作，后来已经有了一个好的开始。狄克逊氏在《香港自然学家季刊》的附录第二号上（一九三三年三月出版），发表了一篇有关香港青苔的文章，举列了在香港和新界所发现的五十六种青苔的名目。

井栏边草（凤尾蕨科）

苔藓

◆ 本篇的凤尾草疑似蕨类植物的统称，蕨类植物里另有凤尾蕨科，但是香港的凤尾蕨科并没有文中描述的那么多。现有记录的香港蕨类植物有200余种。

香港的核疫和鼠患

老鼠在香港所闯下的一次大乱子，就是所谓"核疫"。闹得最厉害的是一八九四年，香港人至今提起来犹"谈虎色变"。在这年春末，香港居民之中忽然发生一种疫症，患者身上有一块肉核，故名核疫。往往第一天得病，第二天已经不治而死，而且蔓延极为迅速。医生知道这是"疫症"，但根本不知道是什么疫症，所以束手无策，于是死亡率极高，差不多达到了百分之百。据说六月七日那天，一天在同一区域就死了一百零七人，都是同一病症，并且还有六十多人又新染上了。

这一来，当然使得居民起了极大的骚动，许多人都纷纷离港还乡，逃避疫势，香港的人口一时减少了八万（当时全港中外人口共约二十三万）。据后来的报纸记载："那平日最繁盛之皇后大道，亦行人寥寥，举目荒凉，得未曾有。"

一八九四年的核疫，据官方发表的数字，共死了二千五百五十二人，而实际上远超过此数。一八九五年疫势稍减，但一八九六年又突发。接着一连许多年都继续猖獗，直到一九○四年才稍好。

发生核疫最盛的地方是中环太平山一带。这里房屋湫隘，人口也最密。后来港英当局下令将九如坊、美轮里、芽菜巷、善庆里等处的房屋备价收买，一律拆为平地，多年不许建屋，这才稍为遏止了核疫。

核疫发生后，港英当局始终查不出病源所在。后来由一位日本医生来港协同研究，从死鼠身上发现病菌，这才知道这灾祸竟是由老鼠酿成的。

　　自从发现老鼠是"核疫"病菌的传播者之后，港英当局便奖励居民畜猫捕鼠，同时对于处置死鼠的方法也非常重视。因为据当时检查发生核疫的楼宇，一定会发现死鼠，证实病源不仅来自老鼠，而且老鼠本身也首蒙其害，所以认为死鼠比活鼠更可怕。于是路边电灯杆上的老鼠箱便应运而生（其实不一定挂在电灯杆上，墙角、树身以及骑楼下的柱子，也往往可以发现挂着这东西）。

　　这种曾在香港闯过一次大乱子的老鼠，由于它自身也受病菌的侵袭，渐渐地减少而至绝迹了。目前香港的老鼠虽然依旧不少，而且很大，但这已经是另一种老鼠，不是家鼠而是地鼠，它们与外江人在家乡见惯的那些老鼠不同。这是一种南方种的地鼠，从华南以至印度都有。它们生活在野外，但也喜欢进到人家里来。

　　我们在香港街上以及家里所见到的老鼠，多数就是它们。这种老鼠嘴尖长，牙齿非常锋利，尾巴粗而长，仅有尾尖上有几根稀疏的长毛。尾长四寸，身体可以长至六寸，所以看起来是很大的。

　　老鼠最大的敌人不是猫而是蛇。香港地鼠多，因为它们身上有一种难闻的臭味，香港的猫也不喜欢捉这种地鼠，这就是它们能在本地繁殖的原因。

　　真正的中国种家鼠，在香港不常见。除了上述的地鼠之外，在人家屋内做巢的另有一种大老鼠。它们身体肥大，可是尾巴粗而短。身上是那种常见的灰黑老鼠色，但是腹下却是灰白色的，尾巴底下也是灰白色，这是它们与地鼠最大区别。这种老鼠因为身体肥大，跳梁爬柱的本领不大高明。

　　香港素来以世界大商港之一自负，轮舶往来的很多。因此有许多"外国老鼠"被轮船从世界各地带到香港来。大家若是有暇，夜间站在九龙仓的码头边上，欣赏一下老鼠爬铁索的情形可真有趣。它们有的是从船上登岸的，也有是从岸上泅水上船的。那情形真仿佛《伊索寓言》所说的城里老鼠请乡下老鼠一般。这种漂洋过海的老鼠是黑色的，尾巴细而长被称为船鼠。它们的攀缘功夫非常高明。

香港另有一种被称为"Bandicoot"的大老鼠，是在一九四六年才首次被人发现的。目前新界元朗最多，它们能掘洞生活在地底下，据说是从云南西南部传入的。

针毛鼠

◆ 在香港，传播疾病的主要是褐家鼠（*Rattus norvegicus*）、小家鼠（*Mus musculus*）等种类的老鼠；野外比较多的是针毛鼠（*Niviventer fulvescens*）。

◆ Bandicoot 可能为板齿鼠（*Bandicota indica*），英文名 Greater Bandicoot Rat。

充满咸鱼味的长洲

长洲岛在香港的西南角,与香港仔遥遥相对,中间隔了一座因发现石器古物而著名的舶寮洲(即南丫岛)。天气晴朗的时候,站在香港仔的山上虽不易看得清长洲;可是站在长洲东湾的沙滩上,抬头就可以望得见香港的玛丽医院等建筑物。长洲是大澳以外的著名鱼盐之区,同时也是夏季游泳的一个好去处。每天从统一码头有直航的或经过坪洲和银矿湾的小轮来往。若是有暇,约几个朋友早上去,傍晚回来,即使不游水,也可以在岛上各处逛逛,花钱又不多。这样一次短短的海上旅行,对于排除身心疲劳、增进工作效能,是非常有效的。

长洲的岛形狭长,两头大,中间细,所以名为长洲。外国人则因为它细狭的腰部和圆圆的两端,像一只哑铃,称它为哑铃岛。在岛南称为南便山的山上,从前就有许多西式的小别墅,多数是教会的建筑物。后来在战争中被毁了,战后经过重建,现在又是一番面目了。

长洲的市区中心就在那狭长的腰部地带。轮渡泊岸的地点是向西的,这里称为长洲湾,是渔船湾泊和商店的集中地。从轮渡码头上岸,穿过满是咸鱼味的街道,一直向前走。走完了街道不远,就到了细腰的东面,这就是可以游水的东湾。就是在这地方,你向遥远的海上东方望过去,就可以望见闪闪有光的香港山上的房屋了。

不游水的人，除了看看街上各式各样的咸鱼，找一个地方歇脚饮茶之外，还可以去看有名的张保仔洞和北帝庙。

说是张保仔洞，其实是同香港所有的一切有关张保仔的遗迹一样，大都是好事家的假托，不甚可靠的。洞很狭小，要低身坐着滑进去，在里面走一段路，从另一个出口爬出来。里面什么也没有，不见传说中的弓箭，更不要说海盗的金银财宝了。

北帝庙在街市北端的尽头，面向西方。这是长洲渔民认为"威灵显赫"的一座古庙。但近年香火也冷落得多，远不如前了。这有什么办法呢。渔民自己太穷了，饿着肚子偿还高利贷还来不及，对于"神"只好马虎一点了。北帝庙里有从前著名的"刀椅"，还有一柄从海底捞起来的古剑。

关于长洲最有名的逸闻，是在半个世纪以前曾给海盗洗劫过一次的故事。这是一九一二年的事。当时海盗控制了孤立在小山上的警署，乘夜搜劫了一个整夜。其时长洲和香港没有电讯和船只联络，所以根本不知道。直到一个渔民用小船划了一整夜划到香港来报信，香港人在第二天早上才知道这惊人的新闻。

咸鱼

充满咸鱼味的长洲

长洲岛

◆ 长洲是香港的一个岛屿,形似哑铃,位于大屿山东南方。传统长洲岛民以捕鱼为生,渔业曾经为当地的主要经济命脉,食品加工又以咸鱼和虾膏最为出名。而今长洲的发展主要靠旅游业,每年举办盛大的太平清醮也是一大特色。

大埔的珠池

今日新界大埔海面，从前称为大步海，又名媚川都。有池养珠蚌，名媚珠池，为古时采珠名地。清嘉庆二十四年修纂的《新安县志》云：

> 媚川都在城南大步海，南汉时采珠于此。

又云：

> 媚珠池，旧志云在大步海，汉时采珠于此。

本来，我国从前产珠最有名的地方是南海合浦，即今日广东的合浦。所谓"珠还合浦"，这成语便是从前传说合浦海中产珠蚌，如果当任的县官贪婪，不停地奴役人民到海中去采珠，珠蚌便会迁移他处；若是县官清廉，迁到他处海中的珠蚌又能迁回来，所以有了"合浦珠还"这成语。

新界除了大埔海以外，其他有些地方也产珠。这一带地方在清朝属新安县，明以前则属东莞，所以《东莞县志》上便载着，除了大步海媚珠池产鸦嬴珍珠以外，县境内的后海龙鼓青嬴角荔枝庄等一十三处，也产珠蚌。

大埔采珠的历史颇久，从唐开元直至明初都在这里采珠进贡，为我国合浦以外的重要产珠地之一。最盛时是在五代南汉（公元九〇五年至九七一年）时期，南汉王刘𬬮建都广州，在大宝六年（公元九六三年）改大步为媚川都，从海门镇招募能采珠的土人三千名为兵，常驻在这里，终年为他搜集珍珠。因为风浪险恶，每年溺死者甚众，成为当时苛政之一。

后来刘𬬭为宋太祖所灭，大埔采珠之举就被废弃，到了元朝又恢复。元大德三年，甚至编置艇户七百家为珠人，并派了三名监督官加紧监采。因为采珠很辛苦，采不到时要受罚，艇户逃亡的很多，所以要加派官员监视。这样直到明朝，洪武七年采珠五月，仅得珠半斤，认为大埔产珠已尽，遂移地合浦，不再在大埔采珠了。

今日新界大埔虽不再以产珠著名，但海中仍产蚝，海边有养蚝的蚝田，取蚝时偶然捞起珠蚌，剖开来其中有时仍会有小粒珍珠的。

◆ 早在汉代，岭南地区所产的珍珠就已经成为统治阶级掠夺的对象。但那时外界只知道岭南的合浦产珠。到了唐代，人们发现岭南还有一个地方产珍珠，就是大步海，即今日香港的大埔海及深圳市东部沿海。大步海产的珍珠为南海珠。南汉时期破坏性的采珠行为不仅使深圳、香港地区原有的珍珠资源遭到了毁灭性的破坏，而且人力、财力损耗过甚，也加速了其自身的灭亡。

今日大埔

冰与雪

上海人呼雪糕为冰激凌,广东人和香港人则又称冰块为雪,因此冰箱就成为雪柜。本来,雪是天上落下来的,冰是自水凝结成的,这两种的分别很简单,可是由于岭南的冬天根本不下雪,又难得结冰,以致冰雪不分,这是很可原谅的。《广东新语》说得好:

> 粤无冰,其民罕知有南风合冰,东风解冻之说。即或有微冰,辄以为雪;或有微雪,又以为冰。人至白首,有冰雪不能辨者。

被香港人称为雪的大冰块,都是人造冰而非天然冰,上海人称这为机器冰,本地人有时又称为生雪。这是因为香港冬天根本没有冰,所有的冰都是人工制造的,所以没有天然与人工之分。但在上海与北方就不同。夏季所用的冰,如果是用来作普通冷藏物用的,多是用冬季特别储藏起来的天然冰,若是直接供食用的,则用机器冰。上海夏天的著名"刨冰",就是用整块的人造冰刨下来的。可是香港人一年四季所用的"雪",全是人工制造的。

冬天将郊外水塘和河里结成的冰,整块地凿取下来,储藏到地窖里,留待第二年夏天之用,谓之藏冰。这风俗很古,《诗经》上的"纳于凌阴",就是伏天藏冰入窖之意。因为古时皇帝不仅夏天要用冰解暑,还有入夏向臣下赐冰的惯例。至今上海和北方一带，夏天所用的天然冰，都是在头年冬天这样储藏起来的。储冰块的地方称为冰厂或冰窖，搭着像广东乡下常见的葵棚那样的高大芦席棚。棚下用土堆成长方形的土阜，像是防空壕，又像陶器窑，底下是深深的地窖，其中便藏着大冰块。这种特殊的景象，我们在北京、天津郊外随处可见，不认识的人往往不知道这样高大的芦棚是作什么用的。《天咫偶闻》、《春明采风录》等书，记北京旧时采冰藏冰的情形道：

> 三九冰坚，各处修窖存冰，以铁椎打冰，广尺许，长二尺，谓之一方。都城内外，如天安门外火神庙后，德胜门外西，阜城门外北，宣武门外西，崇文门外东，朝阳门外南，皆有冰窖，以岁十二月藏冰，来岁入伏饮冰。

说来几乎使人不肯相信，今日香港人一年四季所用的"雪"，虽然全是用机器在香港制造的，但在早年，香港还没有机器冰，所用的也是天然冰。因为香港根本没有天然冰出产，这些冰块全是从外地运来的。不过不是中国冰，也不是英国冰，而是用帆船从辽远的美洲输入的。今日中环的雪厂街，就是当年储藏冰块的地点。这个输冰入口的组织，后来逐渐发展，就成为今日香港著名的牛奶冰厂有限公司。所以尽管香港人称他们出品的冰激凌棒冰为"大公司雪糕雪条"，但它的正式名称上仍保持着冰厂两字。

雪厂街这名称，就因为当年曾在这里建有储藏冰块的雪仓。其地点约在今日雪厂街与皇后大道的转角处，即政府合署旁侧通至圣约翰教堂的那条斜路上。当时中环尚未经过第一次填海工程，皇后道面临海滨，雪厂设在海滨，像普遍的货仓一样，为了便于从船上卸运冰块入仓。

这些冰块是从辽远的美国运来的，都是美国的大湖和河流在冬季结冰时所产生的天然冰块，运到香港后，即涂上木锯屑和糠皮防止融化，储入雪厂待用。

这家输入冰块的商行，称为"丢杜公司"。它就是今日香港人俗称"牛奶公司"的始祖；成立于一八四五年，在当时几乎是独家专利事业。

　　这座雪厂是一座两层的建筑物，地皮是由政府免费拨给的，限期七十五年，但有一个附带条件，即该厂应以特别廉价售卖冰块予政府医院。当时的冰价为每磅五仙，每日发售两次，一次为上午五时至七时，一次为下午二时至四时。据一八四七年的记载，那时香港每天消耗这样的天然冰约七百磅。

　　这些天然的大冰块，既是不远千里运来的，当时所用的是帆船，如果风信不顺或是产量不够，香港的天然冰，便时常有缺货或中断之虞。一八七〇年四月十七日出版的一张香港西报，其上曾报道当时美国缺货的情形道：

> 据说美国上季天然冰的收成短少，因此本港的冰荒现象势将无可避免。供应东方各主要港口冰块的美国公司，所获得的现货仅敷载两船，因此不得不向其他方面搜求冰块，以供应远东顾客需要之数量。

　　香港有机器冰出现，是在一八六六年左右的事。当时，由一位名叫凯尔的集资设厂制造，厂址在湾仔的春园（即今日湾仔春园街附近。当时湾仔未填海，春园一带面临海滨，为外人的住宅区）。它的出品成了许多年来独霸香港市场的美国天然冰的劲敌。美国天然冰售价每磅五仙，凯尔的机器冰每磅仅售四仙，因此生意鼎盛，又在铜锣湾设立了一家分厂。这时美国天然冰贬价四仙来竞争，他们更改售每磅三仙来对付，于是美国天然冰的销路渐狭。直到一八八〇年，香港出产的机器冰已足够供应全港居民的需要，美国的天然冰就停止输入，并且将雪厂街的雪厂和其他资产全部售予凯尔。

　　凯尔的冰厂，后来又由渣甸洋行经营。直到一九一八年始归并入香港牛奶公司冰厂（成立于一八八六年），即今日俗称大公司。今日大公司在下亚厘毕道和铜锣湾的雪房，就是香港早年输入天然冰和后来自制机器冰的旧址。

今日雪厂街

◆ 雪厂街位于香港岛中环。当年香港用的冰都是美国船运而来的天然冰。1845年,供应冰块的公司(Ice House Company)成立,当时中环尚未填海,公司的储冰仓就设于雪厂街。由于靠近海边,运冰船卸货入仓非常方便,雪厂街也因此而得名。

◆ "仙"为香港人对英语"cent"(分)的译音。

香港唯一的一部植物志

本书原名 *Flora Hongkongensis*，著者乔治·班逊姆（George Bentham），一八六一年伦敦出版，本文四八二页，外加序目五十二页，附地图一幅，售价不详。莫林都尔夫的《中国书目提要》列入第一七七一号，绝版已久，不易购得。

苏威贝氏在《香港自然史》一文里说："在一八六一年时，班逊姆氏就出版了他的《香港植物志》，这直到今日还是关于这区域的主要植物学著作。"

本书共收香港所产花木名目一千零五十六种，除按照种类分别编号外，并注明发现的处所、发现者的姓名以及与其他区域所记录的同类品目的比较。这不是供给一般阅览的一本植物志，而且又没有图，因此若不是专家，看起来颇觉枯燥。

著者在卷首写了一篇二十页的序言，说明他的材料的来源，以及在他以前有关香港和中国的植物学方面的研究。在香港未被英占以前，欧洲人所获得的中国植物标本，大都经由澳门和广州带到欧洲，这都是一八四一年以前的活动，当时所采集的标本，有得自大屿山和汲水门的，因此颇有可能其中也有香港岛的出产在内。但正式在香港岛采集植物则是一八四一年的事。这就是偕同那位著名的英国海军水道测量家贝尔讫尔氏一同在香港岛登陆的理查德兴斯氏。他本是海军医生，但是却对搜集植物标本有兴趣，于是便成了第一个在香港岛采集标本的欧洲人。他这年冬季在香港逗留了几星期，带回欧洲的香港植物标本共有一百四十种。

除了理查德兴斯以外，早年以研究香港植物著名的两位人物，是张比安与汉斯。张比安是位军人，他在一八四七年调到香港，先后驻扎了三年，利用余暇在岛上各处采集。一八五○年归国时，他的行囊中，竟带有近六百种的香港植物标本。

汉斯自一八四四年以来就住在香港，他将热心采得的标本送给当时周游世界的一艘英国船"先驱"号上的朋友。这艘船曾经过香港，后来同行的一位植物学家便用这些资料写了一篇《香港的植物》。

班逊姆氏说，他的这部《香港植物志》的材料，便是根据这两个人以及其他几个人所搜集的资料汇合而成。

班逊姆氏将香港所产的植物与附近其他各地所产的作一比较研究，将它们按照地理分布情形归纳为七大类。班逊姆氏说，香港岛所处的位置，在植物种类的分布上是中国大陆北方的终点，同时又是南方热带的起点，因此范围极广。当地所产的植物，可以北至西伯利亚西南部，南至非洲南美洲都找得到它们的同类。至于附近的印度、南洋、日本在植物上和香港关系的密切，那更不用说了。

除了班逊姆氏的这本《香港植物志》之外，还有几部关于香港花木的著作，时间都是比较近一点的，但规模都比班逊姆的小得多了。其中一本是 S. T. 邓与 W. J. 丢讫尔二人合著的《广东与香港的植物》，一九一二年出版，其取材大都根据香港园林署历年所收藏采集的标本。这些标本，据一九四九年本港政府年报所发表的数字，已达四万种之多，其中有许多都是著名植物学家如 A. 亨利、E. H. 威尔逊等人历年所采集。

此外，香乐思教授所编的《香港自然学家》季刊以及他在近年所出版的关于香港食用植物的几种小册子，都是对于本港植物有研究兴趣的人的好参考资料。

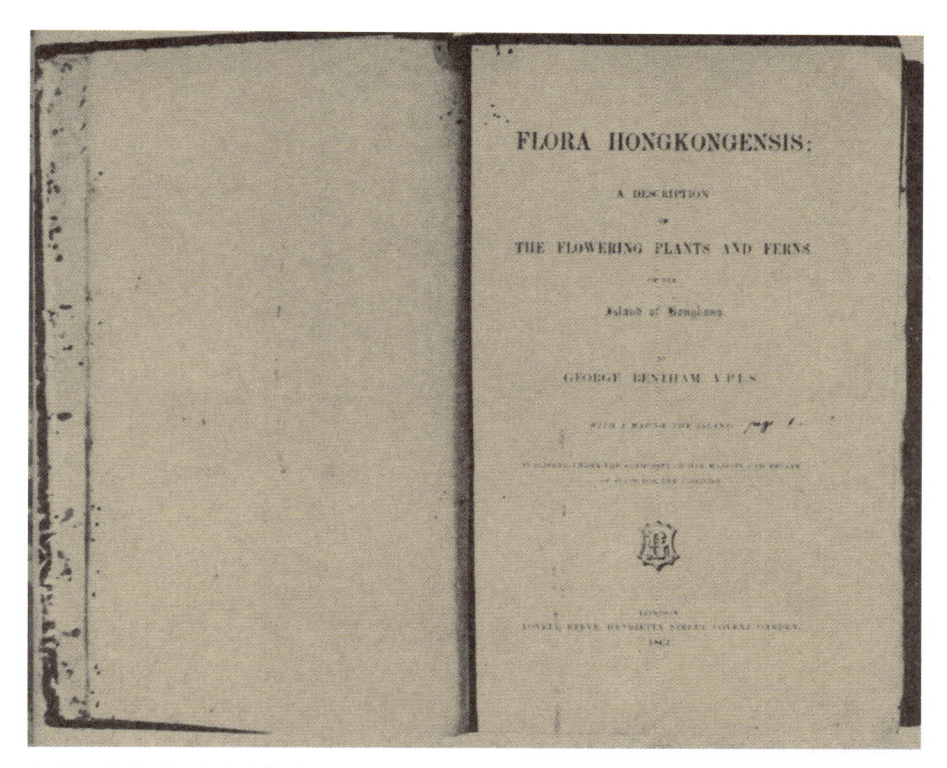

班逊姆的《香港植物志》书影（一八六一年初版）——作者藏

◆ 1861年英国植物学家编写了香港首本植物志《香港岛植物志》(*Flora Hongkongensis*)。1912年，香港前植物及林务部编写了香港植物学史上第二本植物志《广东及香港植物志》(*Flora of Kwangtung and Hongkong*)。香港特别行政区成立后，首部植物志——《香港植物志》第一卷于2007年出版发行，迄今已经出版四卷。

香港的"一岁货声"

清末有一位自署"闲园鞠农"的人，编过一本《一岁货声》，记北京一年四季街上和过门的小贩各种叫卖声。尤其对于过年过节叫卖应时食品的吆喝声，收集得更完备。

北京小贩的叫卖声本来是很有名的，腔调多，有时还佐以特殊的器物来配音，词句又往往别出心裁，如从前过年沿街卖春联的，他们叫卖的词句是——"街门对，屋门对，买横皮——饶福字！"

末后两句的意思是说，买门楣上贴的如"五福临门"之类的横批者，另外奉送大"福"字一个。

又如买过年用的油炸食品如茶泡之类者，他们喊的是"吃得香，嚼得脆——茶果。"

因此《一岁货声》这本书读起来非常有趣。可惜这书只有抄本流传，没有印行过，见过的人恐怕不多。我忽然想起这书，是因为前些日子听见窗外有人喊："打——石——磨！"

我就意味到快过农历年了。因为香港有些古老家庭为了过旧历年，自己磨粉蒸糕，便不得不事先将常年少用的石磨拿出来整理，将用滑了的磨齿重新打凿一下，于是打石磨的人就应时出现了。因此只要一听到"打石磨"的呼声，你就知道过年就在眼前了。这正是香港的"一岁货声"之一。

香港的小贩虽然多，可是对于自己货物的叫卖方法却非常忽略，叫卖的声调和词句也很单调。常年听见的只是"甜橙——老树甜橙"一类的老调，有时更莫名其妙地喊着："平咯——五个卖六个"，使你猜不出从五个平卖到六个的究竟是什么。而这样的喊声，往往喊了一半忽然中断了，你走出去看一下，原来差人来了。

就因为这样，香港沿街流动的小贩多数是没有牌照，偷偷摸摸做生意的；而且香港有些地方在早晚是不许小贩高声叫卖的，有些区域更是根本上就禁止小贩出声叫卖东西。又因为多数小贩都是临时改行的，他们惝恍惶惶，不可终日，也就难怪对于货物的叫卖声没有研究了。

关于香港小贩的叫卖声，我以为只有两个特点值得一提：一是香港因为楼居的人多，小贩喊叫时习惯用一只手衬在嘴边，仰头向上，以便住在三楼四楼的人容易听到；一是香港卖粉葛（即外江的山药）的小贩，喊起来一定要喊卖"实心藕"，不许喊"卖——葛"。这是因"葛"字的本地音读起来与"God"相似。"上帝"怎么可以随便沿街出卖？洋人听了非常不高兴，因此从很久以来，就规定卖葛的只许喊"卖实心藕"了。

今日香港的小贩

◆ 香港政府于1872年首次将小贩列入官方统计的职业项目，并于1873年开始施行发牌制度，20世纪70年代起政府陆续停止发出新的小贩牌照。

◆ 平即粤语里的便宜，平咯即便宜咯。

香港的年糕

过年所用的年糕，虽然各地方所蒸制的形色和原料各有不同，但最主要的原料必然是米粉，而且最考究的，一定要自己磨粉自己蒸制。因为年糕并非普通的食品，它的主要用途是馈赠和敬神，同时还要从制作的成绩上察观来年的吉兆，因此旧时的家庭主妇一定要自己动手或监督仆妇蒸制，从不肯从市上购买现成的。

香港人不大喜欢糯米，因此过年所蒸的年糕，无论甜咸，一定是以粳米粉为主，有时掺和少许糯米粉，绝少完全用糯米粉的。蒸年糕并不用蒸笼，而是用铜制的或铅铁的糕盘，每一盘为一底。原料的分量和蒸制时间的久暂，都是以一底为标准。甜的年糕是用白砂糖或片糖调米粉蒸制的。砂糖蒸的甜年糕色白，黄糖或片糖蒸的色黄，那样子就像平时的松糕。考究一点的在糕面上，还要铺上一点红枣莲心之类，有的或涂一点红颜色就算数。

咸年糕的成分比较复杂，最通行的是萝卜糕。除了以刨出来的萝卜丝或萝卜汁调和米粉之外，还要加上虾米、腊肉、腊肠、葱、芫茜、五香粉等等。萝卜糕多数是在蒸熟之后再切片，用油煎了来吃的。香港平时在饮茶时也可以吃到萝卜糕，但到了过年，萝卜糕却一变而为年糕了。此外还有芋头糕，是将芋头切成了小块调和米粉来蒸。甜的年糕还有马蹄糕。但一般人家过年所蒸的年糕，大都只是以糖年糕和萝卜糕为限。

五方杂处的香港，除了上述的本地人自己蒸制的年糕之外，市上店里还有各式各样的年糕出售。平时专售鬼刁沙爹的南洋食品餐室，这时有应时的南洋椰汁年糕以及所谓新加坡年糕出售；上海店里有苏式的猪油年糕、白糖桂花年糕，还有以上海丁大兴水磨米粉来标榜的宁波年糕。北京馆子也有以红绿丝和蜜枣莲心铺面的北京年糕应市。有一家福建馆子也有福建年糕出售。甚至西饼店里也有"恭贺春禧"的西式洋年糕来凑热闹。

　　谈到年糕，我觉得最合我的口味的是萝卜糕，新年到朋友家里拜年，如果捧出煎得又香又热的萝卜糕，我一定毫不客气地放口大嚼，而且遵照本地规矩，吃得一块也不剩。

萝卜糕

◆ 萝卜糕是传统的粤式点心，在广东和香港作为贺年食品，寓意步步高升。萝卜糕一般以白萝卜切丝，混入以黏米粉和粟米粉制成的粉浆，再加入已切碎的冬菇、虾米、腊肠和腊肉，然后蒸煮而成。

香港的年糕

"年晚煎堆"

煎堆是香港人过农历新年必备的食品，也是送年礼不可缺的应时礼品之一。到了快过年的时候，市上的糖果店和食品公司都有煎堆摆出来应市。若是到了年宵摊开市，专卖煎堆的档口更多，益发可以看出煎堆在点缀过年气氛中所占的重要性。

因为广东向来注重过农历新年，而过年又注重各种应时食品，因此，遂有许多俗谚是与过年食品有关的，如"年晚煎堆"、"冬前腊鸭"都是。

广东的腊味是非常有名的，但吃腊味必须要待北风天以后，才香爽可口；尤其是腊鸭，在立冬以前所腌制的，往往容易走油失味，因此腊鸭必须在立冬以后制成的才是上品，于是遂有了"冬前腊鸭"这一句俗谚。这是一句歇后语，底下还藏着一句"只带只"，即一只好的配着一只坏的之意。这是讽刺旧时买卖式的婚姻制度的。一个五官不正、骨瘦如柴的富家子，却可以娶一个如花似玉的美丽健康少女为妻；一个龙钟的富翁，也可以买一个蓬门碧玉为妾；甚至一个老丑妇，可以出钱入赘一个"小白脸"。这种不相称的情形，走在街上给路人看起来，恰似腊味店里将一只冬前腊鸭和一只冬后腊鸭，搭在一起出售的情形一般。这就是"只带只"的现象。本地人将这个"带"字读如"搭"字音，即国语搭的意思。

"年晚煎堆"也是一句有关婚姻的谚语，不过不是讽刺别人，而是有一点阿 Q 式的自嘲的。煎堆为过年必备的食品，可是货色有好坏，价钱也有贵贱。有钱人当然拣最贵的买，没有钱的为了过年，不能不买，只好拣最便宜的买一点应应景，但求"人有我有"，这就是"年晚煎堆"这句俗语的由来。意思是指有些男子到了相当年龄之后，为了料理家务或免人背后指摘"寡佬"，不得不赶紧结婚娶老婆，不暇仔细选择对手，但求"人有我有"，这就是"年晚煎堆"的意义。现在有时也用来作为马马虎虎购置一件必需品的解嘲。

煎堆实在不很好吃。那种用油煎成的一个个大圆球，外面黏上芝麻，里面有的是中空的，有的是拌糖炸过的爆谷，有时僵硬了，便用钉锤打碎了来吃，实在没有什么特别滋味，远不及同是过年食品的油角或是芋虾香脆可口。煎堆以九江制的最有名，因此，香港卖煎堆的多数用"九江大煎堆"来标榜。

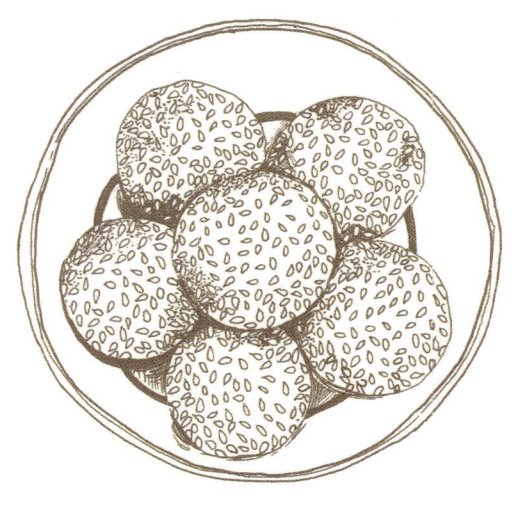

煎堆

◆ 煎堆是广东及香港、澳门地区常见的贺年食品，有"煎堆辘辘，金银满屋"之意。煎堆在长江流域叫作麻球，华北地区则称麻团，东北地区地区称麻圆。将糯米粉加水揉成团油炸，加上芝麻即制成煎堆，有些会包有豆沙等馅料。

吊钟——香港的新年花

每逢农历快过年之际，香港的报上照例会出现有人偷斩吊钟的新闻。因为吊钟是香港人过农历新年必备的时花，看得比水仙更为重要。尤其是商家，时常要花几十元甚至百余元买一枝吊钟，将吊钟开花是否繁茂，看作一年生意好坏的兆头。

为什么到了这时候就有人偷斩吊钟呢？这因为野生的吊钟花在本港是受保护野生花木法令保护的。香港人过年所用的吊钟花，全部是由花贩从内地运来的，而这货色必须要等到年宵摊上才有应市。在这以前，如有人想要吊钟花，便只有到山上去偷斩了。

香港和新界的山上，原来有很多的吊钟树。据说从前新界的青山，本港的大潭笃、赤柱、金马伦山，都盛产吊钟。在没有颁布保护野生花木法令以前，吊钟是可以随意采摘的。就因为这样，每届农历过年要斩伐很多的吊钟树，但补充种植的工作却没有人注意，于是香港野生的吊钟树就愈来愈少了。这才在一九一三年七月由港英当局颁布一种特别法令，禁止本港花贩卖卖吊钟花。后来又在一九二〇年将这法令的范围修正扩大，正式改为《保护野生花木法》，将吊钟、杜鹃，以及多种野生的兰花置于法令保护之下，禁止采摘和发售，但自己花园里培植和从香港境外输入的则不在禁止之列。因此，今日香港人过农历新年所用的吊钟花，全要仰给内地的供应了。

吊钟的开花期约在新历的一月半至二月半，因此，农历新年正是它们的盛开时期。广东人过年插吊钟的风俗已经由来很久。屈大均在《广东新语》上说：

> 吊钟花出鼎湖山。此花并木折下，能耐久，腊尽多卖于街，土人市以度岁，取其置瓶中不萎也。

鼎湖山即顶湖山，在肇庆。为什么要说吊钟出鼎湖山呢？据《肇庆府志》载：

> 吊钟花，木本，花红白色，形如钟，皆下垂，无仰口者，簇生叶下。每簇九花，岭南处处有之，惟顶湖山所产，每簇十二花。

在新年被当作吉祥花的吊钟，本以开花恰好合时和花朵多为好兆的，因此，一簇能有十二钟的鼎湖吊钟，便特别被人看重了。

香港在一百多年以前的吊钟花繁盛情形，我们还可以从清代出版的《新安县志》上见得到。这书记载着说：

> 吊钟花，树高数尺，枝屈曲伛寒。正月初，先作花，后开叶。一枝缀数十小钟，色晶莹如玉，杂以红点。邑杯渡山极多。

杯渡山就是青山，因此，我们今日在青山还可以见到有野生的吊钟花。

吊钟花多数是粉红色，仅有少数是白色的。诚如它的名称所示，吊钟花开起来以后，一朵一朵的恰如小钟，每一只仅有半英寸高，一丛一丛地吊着。

吊钟花是先开花后生叶子的。花蕾未开时有鳞状的厚壳包裹，花上有小茎，尖尖的蓓蕾就从鳞苞里一丛一丛地倒垂下来。花开了以后，新叶才从枝上生出来。新生的吊钟花叶子，几乎像花一样的美丽，颜色从浅绿以至嫩红都有。叶上有一层蜡光，所以看起来几乎像是假的。吊钟花很耐久。通常在农历送灶以后从年宵市场上买回来，插在瓶里，它便一批地开起花来，若是花瓶的质地好，没有火气，会发花，又时常给它换清水，则几乎一直可以养到正月底，还可以从又红又绿的嫩叶丛中欣赏着那一簇一簇吊着的粉红色小钟。

广东旧时的方志上虽说吊钟花以肇庆顶湖山出产的最有名，但那大约指野生的而言。今日香港人过年所买的吊钟，大都来自清远等处，而且都是人工种植的。清远的秦皇山，那一带的乡下旧时便是专门种吊钟发售的。吊钟树本是多年生的小灌木。乡民种植吊钟时，每年在未曾有花蕾以前，对凡是准备在年尾要砍下来出售的花枝，事先施行一种"剥皮"的手续。这就是准备整枝砍下来的那枝干的末端，将树皮剥去一寸左右。据说这作用是防止树叶所吸收的滋养料，不致继续输至树干和树根。这样，这一根枝上的花朵，在年底开花时便会特别茂盛，因而也可以卖得好价钱。

在香港每年从农历十二月二十四日开始的年宵市场上，吊钟是比桃花销路更多更吃香的时花。一扎尚未开花在外行人看来几乎像干柴一样的吊钟，花贩一开口会索价五十元至七八十元不等。但一枝模样端正、花蕾多、没有洒过盐水、保证能及时开放的吊钟，在农历二十八九去买，没有三四十元也是很难买得成的。

吊钟花

◆ 吊钟花（*Enkianthus quinqueflorus*），别称铃儿花、白鸡烂树、山连召、倒挂金钟及灯笼花等，为杜鹃花科吊钟属植物，原产于华南各地。

吊钟——香港的新年花

牡丹花在香港

牡丹是我国特产的名花。国色天香,不同凡卉,古来以洛阳产的最有名,所谓姚黄魏紫,久已艳称。岭南的土质和气候不适宜于牡丹,因此广东没有牡丹。但是每到农历过年的时候,广州和香港的年宵花市,必有几盆牡丹陈列出售,从未见过牡丹的,这时都争围着看一看以开眼界。不用说,花贩所标的价钱是惊人的。

这种应景的牡丹花,全是放在密室内用火烘逼出来的,因为北方的牡丹其实要到春天三月才开花。从前广州的花贩为了适应西关富户和十八甫的大商家的过年要求,使用种种方法使得牡丹提早开花。《广东新语》记这种牡丹在广州种植的情形说:

> 广州牡丹,每岁河南花估持根而至,二三月大开,多粉红,亦有重叠楼子,惟花头颇小,花止一年,次年则不花,必以河南之土种之,乃得岁岁有花。

每年香港年宵花市上所陈列的牡丹,就是用这方法培植,而且多是从花地运来的。从未见过牡丹花的人,见一下固然可以开开眼界。可是曾经在北方赏过牡丹的人,在香港年宵花市上看见了这种所谓"牡丹花王",真不免要失笑。

俗说"牡丹虽好，还须绿叶扶持"，这可见牡丹叶和牡丹花相得益彰的重要性。可是在香港出售的牡丹花，因为是用火烘出来的，虽然开花，却没有叶子，在光秃的枝干上，缀着几朵营养不良的纸扎似的花。试想，没有绿叶扶持的牡丹（牡丹的叶子是特别浓绿肥大可爱的，而嫩叶的鹅黄浅绿色更美丽），那模样不仅不可爱，而且丧失了"国色天香"的尊严，看来简直滑稽得令人失笑，然而香港人均伸长了脖子围着争看这往往标价二百大元一对的"花王牡丹"。

因了南方没有牡丹，连这里的画家画牡丹也画不好。广东画家时常嘲笑北方画家画荔枝，爱用紫黑色，画成了荔枝干。我却亲眼见过香港一位以"写花"自负的"画伯"，用西洋红画出来的牡丹，叶子像菊，花像丁香（即上海人所谓康乃馨），而且是草本的。

牡丹并非是不能用人工火力催开的。这本领要推北京的园艺家。北京郊外丰台的花农，在北方那样严寒的天气下，他们在地窖里铺上稻草，生起炭火，能及时种出肥大的嫩黄瓜（即本地青瓜）和花红叶绿的牡丹花来，以适应北京人过农历年和春节的需要。

现在交通便利了，我希望在今后香港的年宵花市上，能有人从北京直接运几盆牡丹来陈列，那才能使从未见牡丹真相的香港人真正开一开眼界。

牡丹

◆ 牡丹（*Paeonia suffruticosa*）是芍药科的重要观赏植物，原产于中国西部秦岭和大巴山一带山区，花大而艳丽，有"花中之王"的美誉。

水仙花的传奇

水仙花是香港人过农历新年必需的点缀品。每到农历快过年的时候,报纸上总要出现"发售漳州水仙花头"的小广告。这正是合时的生意。因为诚如这广告所示,水仙花是我国福建漳州的特产,本港所出售的水仙花没有一棵不是从漳州运来的。

生物长成的经过,包含许多很巧妙的安排,这是自然界的传奇故事,有时比诗人所想象的神话还要传奇。如有一种名叫蜉蝣的小飞虫,形如小蜻蜓,这就是庄子所说的"蟪蛄不知春秋,蜉蝣不知朝暮"的小虫,它们仅有几小时的生命,可是在蜕化成飞虫以前,幼蛹要在水中生活三四年以上,才可以成熟蜕化,而爬出水面蜕化成飞虫以后,大都经过三四小时就死亡了。同时在这短促的三四小时生命中,它们还要经过练习飞行、寻找配偶、交尾产卵的忙碌生活。一个几小时的生命,却要经过三四年的筹备工作,你说这是不是生物界的传奇?

水仙花的生活史也是这样。我们平时所见到的水仙花,大都是已经种在水盆里长了长长的绿叶正开着花的,很少人见过那种像洋葱头一样的干水仙花头,而这正是水仙花从产地运到香港时的情形。并且这种干水仙花头,在产地要事先经过埋在地中种植若干日,掘起来风干,然后再种下去再掘起来,要这样经过三年之久,然后才可以运到香港来发售的。经过这样三年培养工夫的水仙花头，一旦放到清水里，就可以保证恰好在农历新年开出花来。否则买主买了一棵水仙回去，种在水里种了许久，到了新年开不出花来，便不免要大呼不吉利是了。

一棵水仙花头既要经过三年的培养手续，并且又要使得它能在指定的时间内开花，这就对于土壤、阳光、水分、气候、风向非要有丰富的经验不可了。这就是种植水仙花成为福建漳州人专业的原因，也正是水仙成为漳州特产的原因。并且即使在漳州，据说从前也仅有某几个乡村善于种水仙，种植的秘诀几乎成为他们世袭相传的秘密（当然，今天已不会秘密了）。在这区域以外虽也能种水仙，但费时费事而难获利，在漳州以外更不用说了。

从漳州经由厦门水路或从陆路运到香港来的干水仙花头，是用竹篓成篓装起来的，上下铺着稻草。它们按着大小来定等级，最上等的货色每篓三十棵，其次四十棵，以至五十、七十、八十不等。他们在本港没有长年固定的行址，大都临时借用同乡的商号来进行短期的批发生意，这些商号多数是藤器行或竹器行。一到每年农历十一月左右，本港的花园花贩便向如期而来的他们批购整篓的干水仙花头，回去再经过一番相当复杂的培植整理手续，然后就可以等到年宵市场上拿出来应市了。

从漳州运来的干水仙花头，到了本港"花王"和花贩手里以后，还要经过几重整理的手续，然后才可以应市。这是准备在年宵市场出售水仙花的花贩们最紧张忙碌的时节。因为水仙花头在农历十一月底就要发芽，发芽之后往往恰好经过一个月便可以开花，而这时正是农历的大除夕。开花开早了不合时，货色卖不出好价钱，开迟了便失去市场，根本一钱不值。因此如何使得所有的水仙花恰好在农历十二月二十八九的年宵含苞欲放，或者成为"豆蔻初开"的光景，那就是经营这生意的最费苦心、最要发挥自己养花经验的地方了。

通常，他们总是先期将干水仙花头摊开来加以整理，先将四周骈生的小花头割下来，剥去那一层洋葱皮似的干皮和底下附着的污泥，然后用刀在花头上沿着花芽进出的两侧深深地划几刀。这手续最重要，也最讲究经验，否则将来发出来的花便歪斜不端正了。经过这样手续之后，又将花头放在清水里浸一夜，然后便用浅木盆一排一排地养在水里，听其自然生长了。

若是天气正常，不冷也不太热，又没有风雨，在农历十二月初养起来的水仙花，到了除夕前夜一定可以开花。但是若阳光太少，或是天气太冷，北风太大，都可以影响水仙的发育。过早过迟固然都不好，即使及时开花，若是叶长花短，显得披头散发的样子，也足以影响市价。因此在这一个月中，培养水仙花的花贩，几乎无时不在提心吊胆，一直要到农历十二月二十以后，大势已定，这才放下一颗心来。

普通的水仙花有单瓣复瓣之分。在花品上说，当然单瓣的花品更高，但是在本港的市场上，则是重台的比单瓣的更贵，因为许多人都喜欢买重台的。此外还有一种蟹爪水仙，那是花贩将切下来的小花头用竹签穿在一起，经过种种人工培养成的。他们称这工作为"雕"，有的甚至能雕出狮子、老虎的形状。这实在是畸形的产物，最为庸俗，然而在花市上它们的价钱最贵。

水仙和吊钟，是香港人过年必备的两种时花。在本港的年宵市场上，在最初几天，一棵普通的水仙花，花贩一开口也许会向你索价五元至十元。在大除夕的十二点钟以前，也许一棵仍要四元至五元才买得成。但是一到二时以后，大约一块钱已经可以任拣了。再迟一点，到了花贩收档回家"团年"的时候，这时若再有卖剩的水仙花，他们为了节省人力和搬运费，大都弃置不顾，抛在地上任人践踏。于是经过三年栽培，一个月的苦心照料，就在"一夜繁华"之后，身价跌得一钱不值，抛在地上成为垃圾了——这就是水仙花的传奇。

水仙

◆ 水仙（*Narcissus tazetta*）为石蒜科水仙属的植物，地下部分的鳞茎肥大似洋葱，花开芬芳怡人，因为水仙通常在农历新年期间开放，是很欢迎的年花种类，象征来年好运。

过年用的茶素

农历新年和春节，各地都有许多特殊的应时食品。这些食品都是小食糖果糕饼居多。香港人和广州人一样，过年所必备的各种小吃，是煎堆、芋虾、油角、马蹄糕、萝卜糕、各种蜜饯糖果之类。

煎堆、芋虾、油角之类，在店里有现成的可买，现在通街都是，但是旧家大族或是讲究"骨子"的家庭，多数喜欢自己动手制，这是家庭主妇准备过年的一件重要工作。她们称这工作为"开油镬"。迷信的人，在开始"开油镬"炸物之始，绝对不能说"弊咯"、"衰咯"一类的话，以免有不好的兆头。她们为了提防将油角炸破了或是有其他不吉利的现象起见，在正式炸物之前，先随便将一些面粉搓成条放进油镬里去炸，任它炸成什么古怪的形状，并依据那些形状说出许多吉利话，然后就正式开始炸油角、芋虾等物。这时即使有炸歪了或烣了的，也就不再忌讳了。

过年用的油器，除了煎堆、油角、芋虾之外，还包括有薄脆、爆谷、米通、沙壅以及油炸花生之类。这里面，我觉得芋虾最好吃。芋虾的名称也可喜。其实芋虾并不是虾，乃是将芋头切成细丝炸成的，一团一团的像是用面粉蘸了小虾炸成的虾饼，本地人惯称细小的东西为"虾"，所以芋丝饼也就成为芋虾了。其次可口的是沙壅，这是将糯米粉炸成松散的圆球，蘸上白糖来吃的。这名称很古怪。平日在一般的面包店里也有得卖。我觉得最不好吃的是煎堆，无论扁的圆的都坚硬得没有情趣，然而"年晚煎堆"，人有我有，这却又是点缀过年不可少的一件应时食品。

这类油器，在送灶前后制好，留着过年，新年有人来拜年，便用盆子装出来飨客。自己到人家去拜年，有时也要带一点去送人，表示旧家风度。洋派的家庭大都不讲求这一套了。

点缀年节的这类油器，旧时称为茶素，因为原是用来伴茶敬客的，也就是北方所谓"茶泡"。《广东新语》记旧时广州过年所制的各种荼素道：

> 广州之俗，岁终以烈火爆开糯谷，名曰炮谷，以为煎堆心馅。煎堆者，以糯粉为大小圆，入油煎之，以祀先及馈亲友者也。又以糯饭盘结诸花，入油煎之，名曰米花。以糯粉杂白糖沙，入猪脂煎之，名沙壅。以糯粳相杂炒成粉，置方圆印中敲击之，使坚如铁石，名为白饼。残腊峙，家家打饼声与捣衣相似，甚可听。又有黄饼鸡春饼酥蜜饼之属。富者以饼多为尚，至寒食清明犹出以飨客。寻常妇女相馈问，则以油角膏环薄脆。油角膏环以面，薄脆以粉，皆所谓茶素也。

油角

◆ 芋虾是中国传统的贺年小食，芋虾的"虾"字与"哈"字同音，有笑哈哈的意思，用芋丝混合糯米粉裹虾仁炸制而成；油角也是粤式过年小食，用面粉加鸡蛋、猪油和适量的水搓成粉皮，在中间放入炒过的花生、芝麻及砂糖，对折后在边缘折出花边油炸而成。

唐花熏货

凡是为了应时应景，用人工使得花卉提早开放的，谓之唐花。现在花市上卖给香港人过年用的最名贵的牡丹，就是用这方法催开的。这个"唐"字，并非像本地人或日本人惯用的那样，意指"中国"。唐花的"唐"，实是"煻"的省写。唐花的由来已经很久，有时又称为堂花或塘花。宋人《齐东野语》载：

> 花之早放者名曰堂花。其法以纸饰密室，凿地作坎，绷竹置花其上，粪以牛溲硫磺，然后置沸汤于坎中、汤气熏蒸，盎然春融，经宿则花放矣。

唐花手段最好的是北京的花农，旧时称为花儿匠或"花把式"，他们都是北京郊外丰台草桥十八村的人，因为北京四时花木的最主要来源是丰台，就如广州的花地、香港的花墟那样，因此种花的都是丰台人。旧时北京的豪门贵族，养尊处优，最讲究"非时之货"，请春酒吃黄瓜茄子，冬天赏牡丹，但那时没有冷藏或暖气设备，便不能不讲求特殊的人工栽培方法，这就造成了丰台花匠的惊人本领。《帝京景物略》、《燕京岁时记》等书说：

> 凡卖花者谓熏治之花为唐花，每至新年，互相馈赠，牡丹呈艳，金橘垂红，满座芬芳，温香扑鼻。三春艳冶，尽在一堂，故又谓之堂花。

今京师唐花有牡丹，岁钥将新，取以进御，士大夫或取饰庭中，及相馈送，有不惜费中人之产者。

今京师花肆，争先献早，秋天开梅花，冬天开牡丹，春天开栀子，郁气重蒸，利其速售。

丰台的花农不仅会在地窖暖室中种花，而且还能提早种出各种瓜菜应市。

京师隆冬，有黄芽菜韭黄，盖地窖火炕中所成。

花匠于暖窖中，正月灯节烘出瓜茄等菜，叶上各有草虫，巧夺天工。十月中旬赏牡丹，元旦进椿芽黄瓜，所费一花，几半万钱，一芽一瓜，几半千钱。

北方天气冷，从前交通又不方便，所以以能在农历正月吃到黄瓜、韭芽为珍品。但现在交通利便，又有了冷藏的方法，像香港、广州这样的地方，固然一年四季随时都可以吃韭黄、青瓜，就是在现在的北京，冬天吃韭芽、黄瓜也是常事，而且价钱不会贵，已是一般人都能够享受的东西。唯独牡丹，无法开得早，像香港年宵花市上所见到的那样，都是所谓唐花，花农又称之为"熏货"。

牡丹

◆ 香港新年有逛花市的习俗，居民会去花市购买年花摆放在家中。

贺年的糖果和果盘

春盘看酒年年好，试戴银幡判醉倒。今朝一岁大家添，不是人间偏我老。

这是陆游《栏花·立春日作》的下半阕。是的，又过了一年，谁都大了一岁。自元旦以来，未能免俗，不免拖儿带女地到几家亲戚朋友家里去拜年。这时不妨特别留意一件事，留意各家捧出来奉客的贺年糖果。

既是过农历新年，总觉得应该遵守原有的好风俗，尽量地保留使用中国风味的东西。当然不必跪到地上去磕头，但用玻璃盆子盛着用五彩透明花纸包的果汁糖，总使我一见了就有反感。广东本来是有很好的中国风味的贺年糖果的，那就是蜜饯：糖金橘、糖莲心、糖马蹄、糖冬瓜、糖莲藕……不知怎样，本地人采用的竟一年少过一年了。

这些广式的贺年蜜饯，每到春节的时候，从内地总有大量运来供应，在形式和味觉上具有浓厚的中国风味。何况一年之中，又仅有在过年的几天才上市，平日是很少卖也很少人买的。我不懂为什么许多人偏不用它，而去买一年四季随时可以买得到的洋式糖果？因此我到人家拜年，若是拿出来的是糖莲藕、糖金橘一类的东西，虽然我平时不大吃甜的，这时也要多拈几块以示拥护。若是拿出来的是玻璃纸包的果汁糖，我一定袖手不顾，以示抗议。

其次，我对于用玻璃盆子盛贺年糖果，也表示反对，尤其是那种廉价而伧俗的美国货。春节用糖果敬客，最好盛在果盒里，其次也该用江西的磁盘。再不然，就是汕头货也不妨，总比玻璃碟大方厚重些。

果盒，本地人通称全盒，上海人称为果盘，北方人则称为桌盒，这才是新年盛糖果敬客最富丽大方的器具。本地市上还有一种福建漆的果盒，朱红漆五彩描金，有的里面还配上磁质的格碟，实在名贵大方，只可惜价钱高了一点，不是一般人都可以买的。但我仍止不住要幻想，将形式鲜明的各式蜜饯糖果，盛在这样朱红描金的果盘里，在有客人来的时候拿出来款待来拜年的亲友，将是一种怎样富丽大方而又同周遭的"恭喜恭喜"的气氛非常调和的景象。

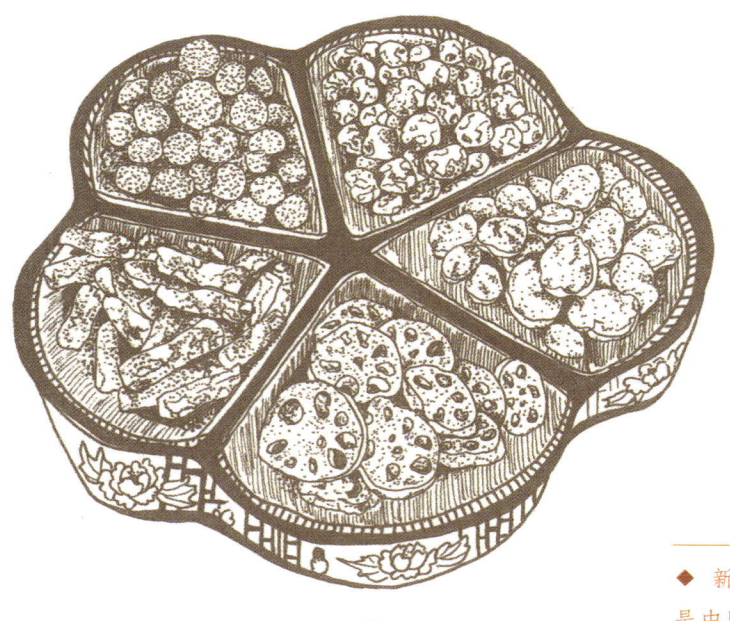

果盘

◆ 新年摆出果盘招待客人是中国的贺年习俗，本篇提到的糖金橘、糖莲心、糖马蹄、糖冬瓜、糖莲藕等均是过去常用来招待客人的新年糖果。

年宵花市

　　六种争开向药栏，冬来花事不曾残。天南春色无来去，长与东皇共岁寒。

　　这是屈翁山的冬日对花绝句。所谓六种，是指梅花、菊花、月季、高丽菊、雁来红和水仙。广东因为气候与北方不同，这冬天，不仅菊花与梅花同开，就是桃花也会提早开放。前天才过立春，可是小园的夭桃，已经开得落英缤纷了。这种情形，我们如果到湾仔海边的年宵花市上去看一下，就更可以明白，所谓"花历天南最不同，吹嘘不必定春风"，是一点也不错的。

　　年宵花市上最当令的是吊钟、水仙和桃花。买了桃花的大都不再买吊钟，但水仙是必买一两棵的。桃花最值钱的是大株而形如覆伞的双瓣桃花，水仙是经过人工制作的蟹爪水仙。一株模样整齐的高大"桃花王"，花贩会贴上红纸标价千元以上。可是在这年头儿，连最讲究的南北行和银号都在"悭皮"，对于这样贵的桃花，恐怕很少人会有闲情来问价了。

　　除了吊钟、桃花、水仙之外，花市上陈列最多的是万寿菊和橘树了。这两种花树都是要连盆成对买的。万寿菊价钱不贵，而且经摆。橘树虽然有趣，小小的一盆，满缀着丹黄色的橘，这是本地人认是最吉利的，可是价钱又贵又不容易买。因为许多橘都是假插上去的，甚至有些冬青树枝上也装上一颗颗的橘,当作橘树来骗人。盆栽的还有玫瑰、月季和海棠,后者多数同仙人掌、罗汉松陈列在一起,已经属于盆景的范围了。剑兰当然也很多,在年三十晚上,荷兰种的大红剑兰索价可真吓人。光顾这类洋花的都是小家庭居多,因为他们的房里是不适宜插吊钟、桃花之类的大枝花的。

岭南虽然以梅花著名,可是在香港的年宵花市上不易见到梅花,这是因为香港的梅花少,而且早已开过了。

香港花贩不识芍药,因此他们将那一盆一盆的大丽花呼为芍药,这是与将外国人插在襟头的康乃馨呼为丁香一样,是最煞风景的事。这也难怪,因为岭南没有牡丹和芍药,因此,花贩们就根本不识这种"春风拂槛露华浓"的名花为何物了。

花市的年橘

今日香港太子道花市

◆ 年宵花市是广东地区的过年习俗，历史悠久。香港的花市又叫花墟，旺角花墟是一个位于香港旺角北部的市集。商贩主要集中在太子花墟道两旁，以批发价大批售卖各式花卉，成为香港最大的鲜花零售集中地。

除夕杂碎

卖懒卖懒，卖到年三十晚，人懒我唔懒？

据说这是从前年三十晚，广州的孩子们提着灯笼上街去"卖懒"时所喊的词句。

每逢到了所谓年三十晚，像我们这样的人，一年四季执着笔，要懒也没有机会可懒。在这年三十晚，若是有人"卖懒"，真想买他一天来享受一下。

孩子们除夕卖懒的风俗，不仅广州有，就是江浙也有。苏州人名"卖懒"为"买痴"，所唱的词句是："卖懒卖痴，人痴我不痴。"可是屈大均却说广州人年终以火照路，名曰卖冷，未知是另一种风俗，还是他将"懒"和"冷"记错了。

卖懒和"出卖重伤风，一见就成功"一样，能令听者掩耳疾走。但在除夕却另有一种卖声为人所欢迎的，那便是小贩卖"发财大蚬"了。我不知本地人在过年要买蚬，而且以蚬为发财象征的原因所在。也许是由于乡下人认为蚬是丰年的产品，蚬多则年丰，螺多则年凶，所以要在岁尾年头买蚬取吉兆吧。

蚬有多种，有白蚬、黑蚬。生在沙里的色黄，名黄沙大蚬，过年所卖的就是这一种。蚬容易传染肠热症，在平时本是很少人随街大声叫卖的。但一

除夕

到年三十晚和大年初一，小贩却在木盆里摔着红纸高叫"发财大蚬"，也很少有人来干涉了。

除夕晚上的那一餐饭，本地人名为"团年"，上海人则称为"吃年夜饭"，其实是年终请客的变相，往往事先邀了许多朋友亲戚来参加，而且不一定要在除夕。从送灶以后，随时都可以"吃年夜饭"，这真如鲁迅先生所说，实在"洋场气十足"。

过年当然有喜有愁，但无论怎样困难的情形，若是能挨过除夕晚上，则明天早上任何人见了，都要"恭喜恭喜"，一切都可以暂时放下不提。因为按照本地的过年规矩，虽然年三十晚可以提了灯笼来收账，但一过午夜，吃了团年饭以后，见了面只"恭喜恭喜"，其他一切暂时免开尊口了。

◆ 除夕又称大年夜、年夜、除夜、岁除、大晦日，是中国农历新年过年前的最后一天。有贴春联、吃年夜饭、辞岁等习俗。

除夕杂碎

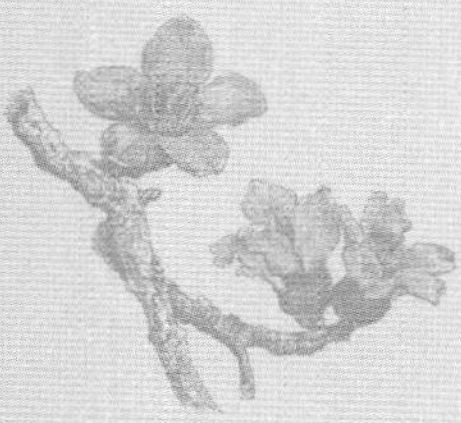
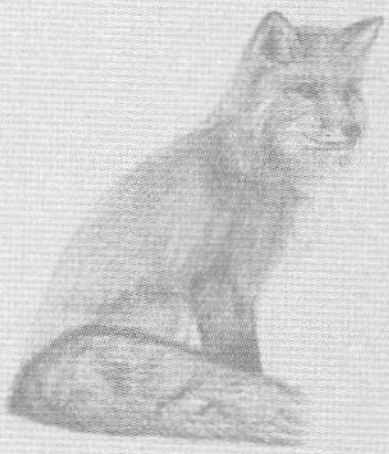
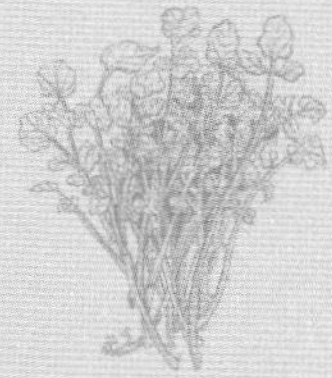
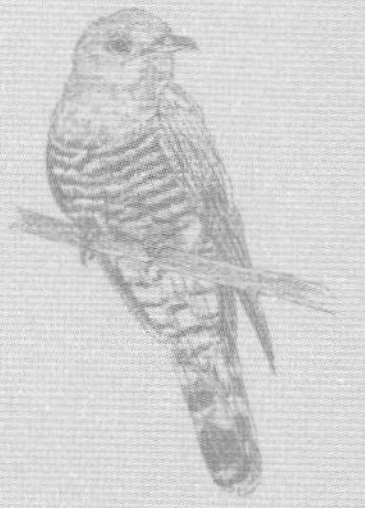
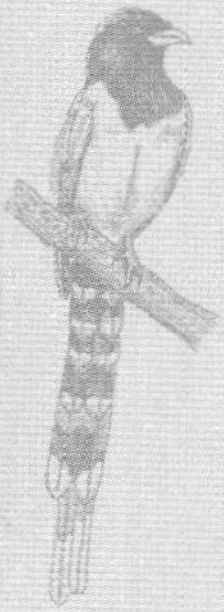
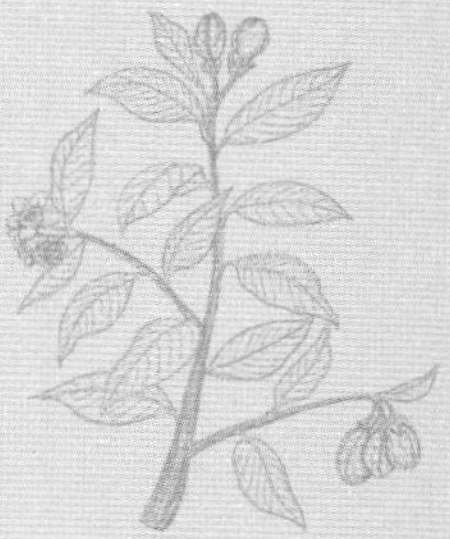
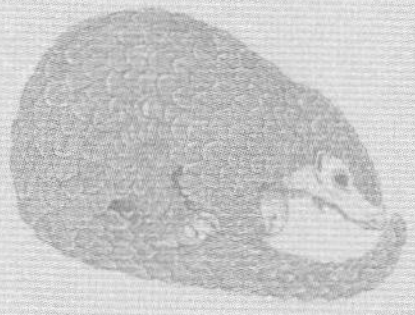
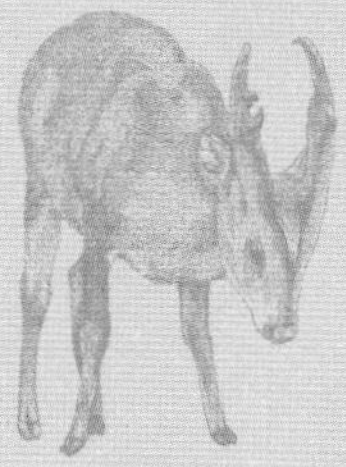

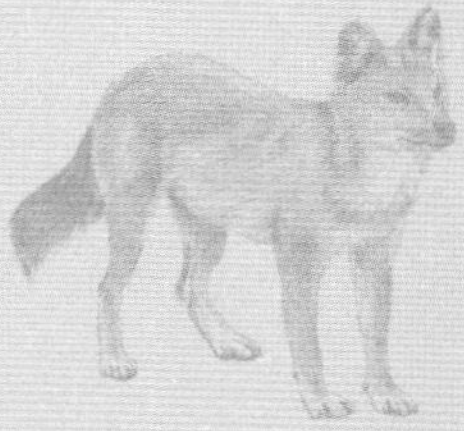
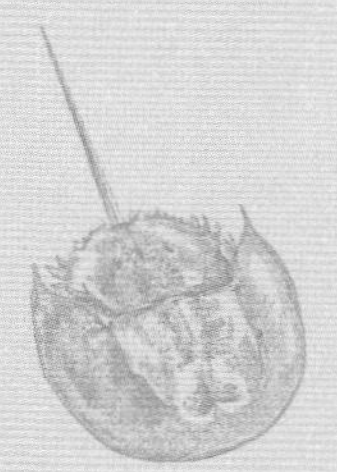
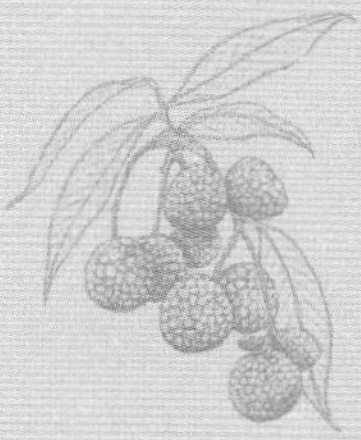
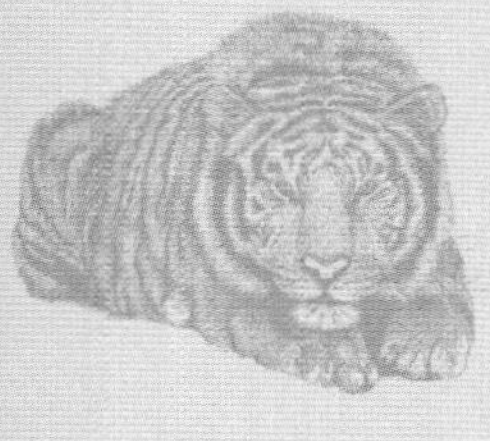
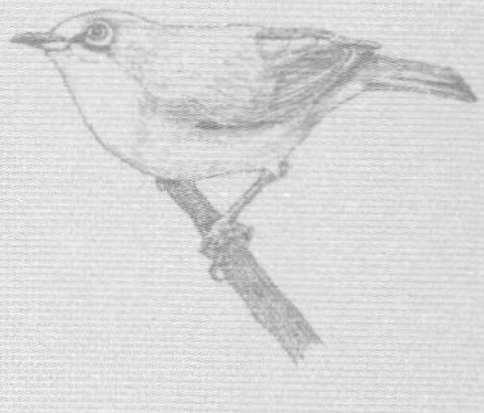
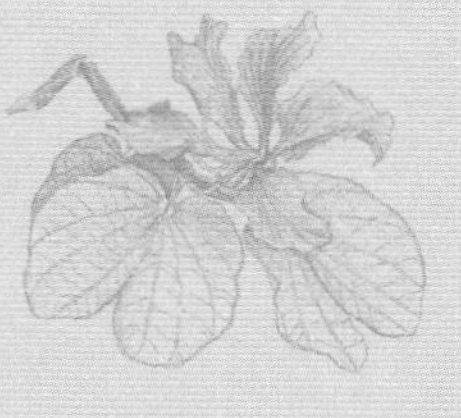
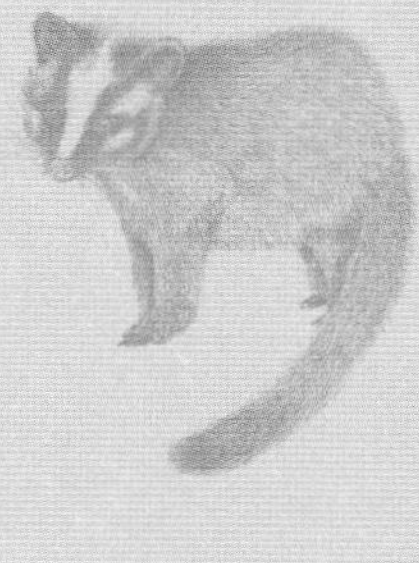
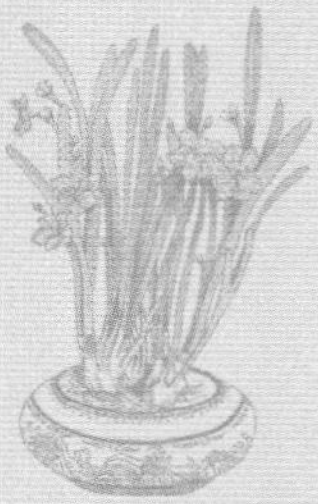
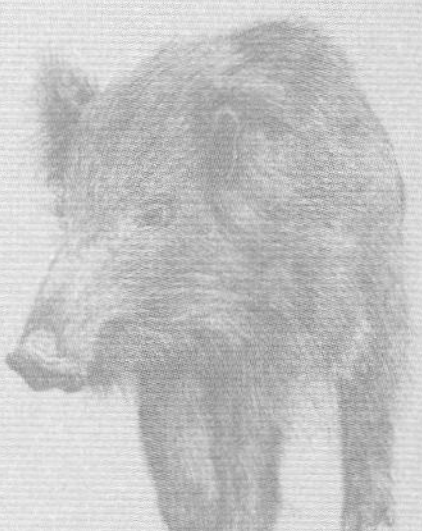
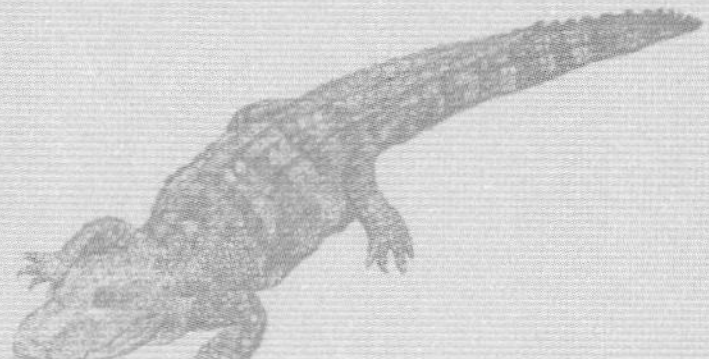
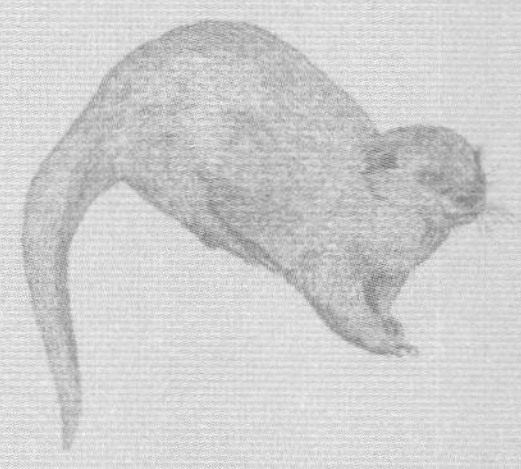

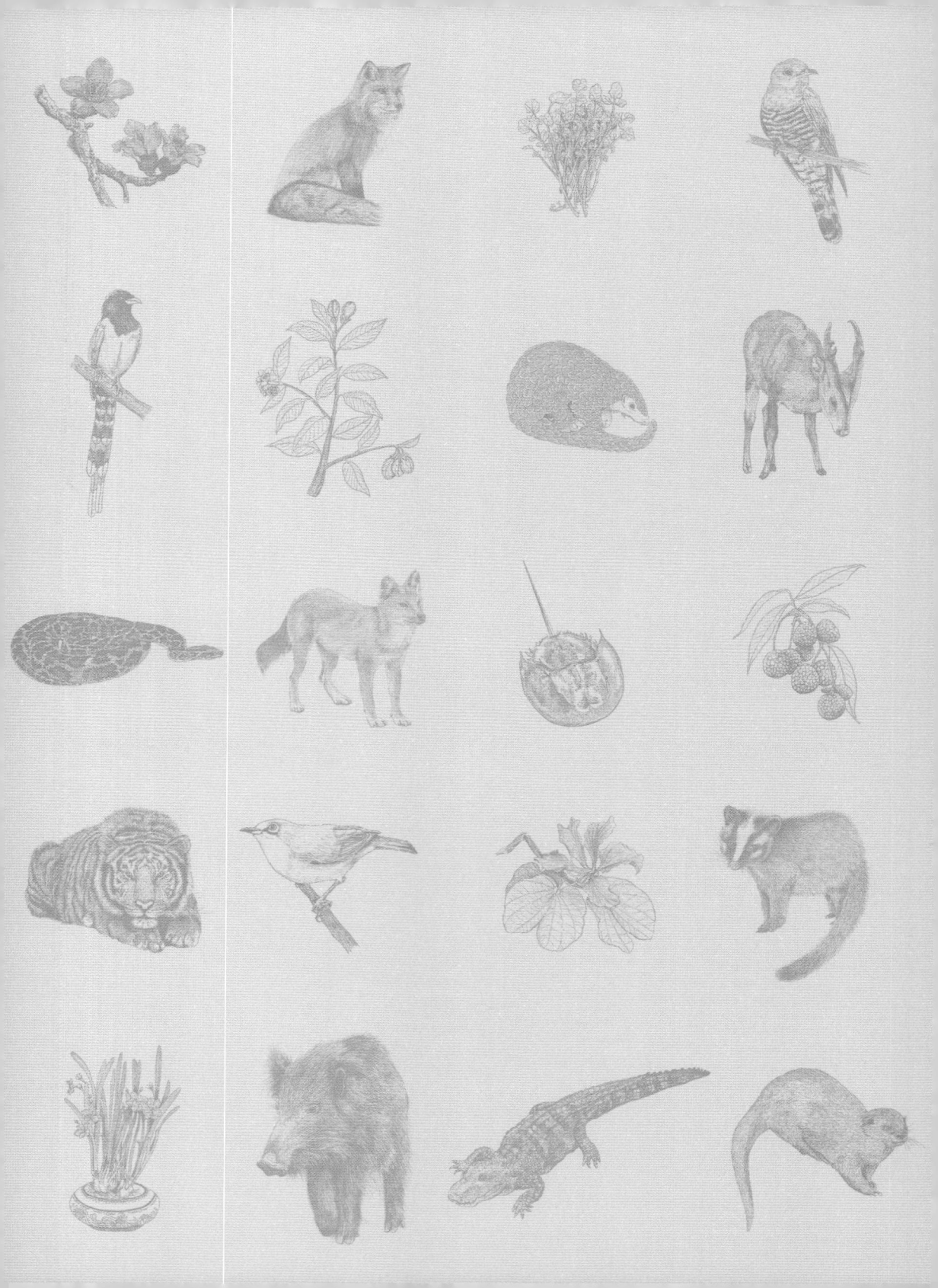